Los diez pecados capitales del jefe

Leo Farache

Los diez pecados capitales del jefe

o cuando el jefe daña la productividad y la felicidad

ALMUZARA
2008

1ª edición: enero de 2008

Colección economía • Serie economía y empresa
Editorial Almuzara
Director editorial: Antonio E. Cuesta López
www.editorialalmuzara.com
pedidos@editorialalmuzara.com - info@editorialalmuzara.com

Diseño y preimpresión: Talenbook
Imprime: Taller de libros, s.l. [www.tallerdelibros.com]

I.S.B.N: 978-84-96968-43-1
Depósito Legal: CO-1774-07
Hecho e impreso en España - *Made and printed in Spain*

Índice

Dedicatorias

A IQ., G., J P y Pedro Pablo, para que dejen de hacer daño a los que trabajan con ellos. Con la esperanza de que algún día aprendan a ser líderes o de que las organizaciones para las que trabajan les «inviten» a dejar de ser jefes. Y gracias por enseñarme tan claramente lo que NO hay que hacer.

A Fernando Olmeda (que en paz descanse), John Chalker y Pepe Monserrate, que hicieron que quienes trabajamos con ellos nos sintiéramos a gusto y productivos. Gracias por vuestras enseñanzas. Gracias por hacerme sentir bien.

A mis tres hijos que, con sus reacciones, me enseñan a aprender nuevos detalles en la necesaria labor de liderarles. Os quiero. Mucho, muchísimo.

A mi mujer, Virginia, porque si no le dedico el libro, se enfadaría. ¡Y porque te quiero!

To my mother, Pamela. I hope I am, and I've been, good enough to you. Much love.

A mi padre, que en paz descanse, Alfredo, con el que nunca llegué a intimar, pero que me enseñó unas cuantas cosas vitales. Nos vemos.

El deber de todas las cosas es ser
una felicidad; si no son una felicidad
son inútiles o perjudiciales.
Jorge Luis Borges

Sólo a través de los detalles
podemos conocer lo esencial.
Sandor Marai
El último encuentro

En la sencillez está la inteligencia.
Anónimo

Ser un buen padre es la mezcla
equilibrada de autoridad y cariño.
Manuel Colás

La vida es la búsqueda del equilibrio. No es
de Aristóteles, pero lo aceptaría seguro.
Fernando Fernández
(en su dedicatoria que me hizo en el
libro *Ética a Nicómaco de Aristóteles*)

Jefe, este libro tiene el propósito de que, gracias a ti, la vida de algunas personas cambie a mejor, y que, además, tú ganes con su cambio.

Madre y/o padre, vosotros sois los jefes para vuestros hijos. Ellos necesitan tener una referencia, un líder que sea coherente, consecuente, creíble y útil. Este libro quiere conseguir que, gracias a vuestra influencia, vuestros hijos logren tener una vida mejor.

Del autor al lector

Después de haber tenido la oportunidad de ver en acción a cientos de jefes, de haber dirigido a muchas personas en nueve empresas y haber realizado numerosas consultorías estratégicas, he llegado a una serie de conclusiones que ahora plasmo en este libro.

Los diez pecados capitales del jefe trata acerca de la capacidad de influencia de los jefes en sus subordinados. Una persona que tiene un poder jerárquico sobre otra puede influir en su felicidad, en su productividad, en definitiva, en su vida.

La gran mayoría de los jefes no consiguen hacer que las personas que dependen (qué horrible y dramático verbo) de ellos sean lo productivas, lo felices y talentosas que podrían ser. Bien al contrario, consiguen que muchas personas visiten por motivo del trabajo a psicólogos y psiquiatras, que su trabajo sea fuente de infelicidad, mientras se desesperan entre sus sábanas preguntándose, mientras pasan los meses y los años: ¿por qué debo ir mañana?, ¿por qué tanta arbitrariedad?

La mayoría de los jefes se aprovechan de que la relación con quien ellos llaman «sus empleados» es desequilibrada. El empleado[1], como a la mayoría de los jefes gusta llamar a

1 A pesar de que el jefe llame a su subordinado «empleado», la mayoría de los jefes son tan empleados como éstos. Me da la impresión de que este modo tan alejado de la verdad, al etiquetar de «empleados» a quienes son realmente compañeros subordinados, es una forma de expresar el compromiso por la empresa y de tratar de alejar del mismo al resto.

los compañeros con menor responsabilidad y retribución, es mayoritariamente cobarde y sobrevalora los efectos perjudiciales de un enfrentamiento con su superior y minusvalora, también mayoritariamente, su empleabilidad, es decir, su capacidad para obtener otro trabajo retribuido y donde se le respete.

«Se viene motivado desde casa. Eso de la motivación es una pamplina, quieren venir contentos al trabajo y encima les voy a tener que pagar», dicen los jefes más pecadores con esa gracia que sólo sus sirvientes ríen. Es el jefe empeñado en que siempre haya dos bandos enfrentados entre sí: el de los de la empresa y el de los empleados. Este tipo de comentarios son característicos del ignorante y del arrogante, que sólo encuentro justificable en jefes de muy corta edad que, gracias a su éxito, han caído en la arrogancia y a los que su aún poca experiencia les hace ser ignorantes.

La responsabilidad de los jefes trasciende los límites de la empresa. Como ya dijera el Presidente de *Volvo*, Per G. Gyllenhammer, el hecho de que las personas tengan un bien escaso como es el trabajo y, en cambio, sean tan infelices con él debe considerarse como uno de los fracasos más importantes de nuestra sociedad. Puede parecerles reduccionista, pero creo que la figura del jefe interviene de forma decisiva en este enorme fracaso contemporáneo.

Sirva como ejemplo Juan, de profesión camarero. Está empleado en el restaurante *El Urogallo* en la Casa de Campo de Madrid. Le conocí siendo yo cliente de este buen restaurante que está al borde del Lago. Su motivación, sus ganas de trabajar y de agradar eran tan sobresalientes que me sorprendieron mucho. A partir de una primera conversación en la que le mostraba mi sorpresa y admiración por su trabajo, entablamos una buena relación.

«Yo siempre he sido tan buen o mal camarero como soy en la actualidad. Ahora soy feliz, me siento productivo, pero otras muchas veces me he sentido mal, he tratado de forma deficiente a los clientes.

—¿Sabes la razón? —se pregunta.

—Los jefes —se contesta a sí mismo.»

Ustedes saben bien a qué me refiero, pues es más que probable que hayan sufrido para bien y para mal la capacidad o torpeza de un jefe. En función de ello, encontraron un lugar para desarrollarse, o para sentirse devaluados, en el ejercicio de su trabajo.

Cada uno de los pecados capitales del jefe que encontrará en este libro está introducido por uno o varios relatos cortos que aportan, a modo de ejemplo, escenificaciones positivas o negativas del pecado capital del capítulo en cuestión. Todos ellos están basados en hechos reales que bien he vivido personalmente o me han sido contados por alguna de las muchas personas con las que he hablado sobre este tema.

Y para resumir cada capítulo hay un breve epílogo a cada pecado capital, que espero permita al lector tener así todo lo necesario para no ser demasiado pecador.

Este libro habla sobre asuntos muy sencillos que pueden conseguir marcar la diferencia en terrenos tan trascendentales para la persona como la felicidad, para la empresa como la productividad y para la sociedad en general como la convivencia. Confío y espero que la sencillez no sea en este caso sinónimo de simpleza y que, al menos, algún párrafo del libro pueda hacerse acreedor de aquel aforismo anónimo: «En la sencillez está la inteligencia».

Por último, les agradeceré que me dejen cualquier comentario en farache@comoestujefe.com o que participen en el foro de www.comoestujefe.com, donde confío que muchas personas puedan intercambiar sus experiencias como jefe o como subordinado.

Gracias, María

Hoy he quedado con una ex compañera de una empresa en la que trabajé durante algo menos de dos años (un tiempo razonable para mí, me gusta mucho ir conociendo nuevos ambientes y tengo la suerte de poder ocuparme con cierta facilidad).

Mi ex compañera es una gran profesional. Fui su jefe y, a mi juicio, tiene todo lo que un directivo podría desear:

- Conocedora de su trabajo.
- Incansable trabajadora.
- Clara en sus planteamientos, que son siempre constructivos.
- Ambiciosa y muy exigente consigo misma.
- Buena compañera.

Hoy, mi amiga me ha manifestado que está muy descontenta en su trabajo y que tiene ganas de marcharse de la empresa en la que está.

La vez anterior que la vi, hace ya más de seis meses, estaba contenta y los clientes para los que ella trabajaba valoraban satisfactoriamente su labor.

Ahora, mi amiga, mi ex compañera, está descontenta con su jefe. «Ha perdido toda su credibilidad. Y era con su credibilidad con la que yo me había hecho mi proyecto en esta empresa», me dijo cuando le pregunté cuál era la causa de su cambio de opinión.

Su jefe, con más de treinta años de experiencia, más de cincuenta desde que nació y más de ciento cincuenta personas a su cargo ha cometido una serie de errores (pecados) que están provocando una reacción negativa en cadena.

Estos pecados son sencillos de no cometer, pero son, en cambio, muy graves. Han sido equivocaciones que cualquier persona con sentido común criticaría. Incluso este directivo no estaría de acuerdo con lo que él mismo ha hecho si un amigo suyo le contara que sufre esa misma situación con su jefe.

María se ha sentido engañada, despreciada y maltratada por una persona en la que ella depositó su confianza cuando hace ya más de un año tuvo que decidirse entre tres ofertas de empleo. La principal razón por la que eligió esta empresa fue el directivo que ahora la defrauda. Percibió que junto a él sería capaz de desarrollarse profesional y personalmente, desplegar todo su poderío y talento en beneficio de quien le había contratado. María prefirió ganar menos dinero a cambio de ser feliz y creyó que, a las órdenes de su nuevo jefe, lo podría ser.

Hoy, María estaba triste porque *su jefe le había mentido.*

Hoy, María estaba buscando trabajo porque *tiene que insistirle para que le escuche.*

Hoy, María, que ha trabajado muchas horas fuera de su horario de trabajo, *no piensa trabajar más que lo necesario, porque no ve ningún futuro con su jefe.*

Como quiero mucho a María, escucharla me entristeció. «Otro caso más», pensé.

Hace tiempo que tenía pensado escribir este libro, pero no conseguía comenzarlo, y hoy lo he hecho.

Gracias, María.[2]

---

2 María tardó muy poco tiempo en encontrar trabajo. Yo he tardado mucho más en escribir el libro que tiene entre sus manos. Un beso, María.

La productividad es cosa de hombres (seres humanos)

La productividad de una economía es un dato de gran relevancia. Tanto es así, que forma parte central del discurso de los políticos y de los analistas que dicen que la productividad se relaciona directamente con la competitividad de una determinada economía.

La productividad de una economía viene derivada por su habilidad para generar riqueza con unos recursos determinados. En una economía con predominancia del sector terciario (servicios) el desempeño del recurso humano es la variable de mayor sensibilidad para aumentar la productividad. Son las mujeres y hombres los que intervienen decisivamente en la producción y prestación del servicio.

Nuestra vida cotidiana está llena de casos que refrendan lo anteriormente dicho.

Que dos líneas aéreas presten el mismo servicio con un número de personas radicalmente diferentes tiene que ver con la capacidad de producir de unos y de otros. Incluso en una misma línea aérea con la misma cantidad de tripulantes podrá observar cómo a una de las tripulaciones les cuesta mucho más producir (ventas, satisfacción, fidelidad) que a la otra. Quizás pueda encontrar en el o la sobrecargo —el jefe— la razón de esta diferencia.

Sin necesidad de despegar de la tierra, Ustedes podrán comprobar como en una misma entidad bancaria, dos sucursales pueden conseguir rendimientos cuantitativos y cualitativos muy diferentes. Con seguridad, encontrará en el director de la oficina —el jefe— el motivo aparentemente extraño.

En los dos casos que les he planteado, la mayor capacidad productiva es posible que vaya asociada a un menor absentismo laboral, a un estado anímico más positivo, a personas que van a su trabajo con mejor disposición que las de los grupos menos productivos.

Así pues, si los trabajadores son capaces de desplegar todo su talento de forma coordinada, es seguro que la economía será más productiva. Y rentabilizar el activo talento necesita de buenos jefes que pequen poco.

El Foro Económico de Davos ha hecho recientemente un interesante análisis de la productividad española y achaca que la baja productividad de las empresas españolas se debe en un 60% a la pobre calidad directiva.

El informe Cisneros 2005, dirigido por el psicólogo Iñaki Piñuel, ofrece un dato revelador de la fractura que hay entre jefe y subordinado: el 36% de los encuestados «haría examinar a un jefe por un psicólogo».

La Administración Pública es consciente de que ha dirigido de forma ineficaz a sus millones de empleados, lo cual ha provocado una profunda desmotivación generalizada entre ese importante colectivo. Ahora se dispone a dar sentido común a la promoción interna y lograr la implicación y motivación de sus millones de empleados.

Con estos tres datos y con cientos de casos observados durante varios años, me atrevo a afirmar que la gran mayoría de los directivos no saben ejercer como tales y con su ejercicio dañan la productividad de nuestra economía y, sin duda, también la felicidad de seres humanos. Posiblemente nunca fueron formados para serlo y el deterioro de su comportamiento humanístico contribuye directamente a que no sepan relacionarse con terceros sobre los que tienen el deber de dirigirlos. En la gran mayoría de las ocasiones, su tarea se limita a mandar, un verbo de significado bien distinto al de dirigir.

La complicada labor de dirigir a personas es la materia que más tiempo ocupa en los *MBA's*, es el tema que más páginas llena las revistas de *management* y es, en cambio, un tema abordado habitualmente de forma poco profesional en el ejercicio diario de la empresa.

Mucho de lo que ocurre durante el ejercicio de la dirección de equipos humanos en la empresa está muy alejado del sentido común. Los pecados capitales del jefe hacen daño a las personas, a la productividad, a la sociedad y les hacen daño a sí mismos.

Si Usted, amigo lector, es jefe y está de acuerdo con que el paisaje puede cambiarse y mejorarse, le agradezco que haya comprado este libro, confío en que el dinero y tiempo invertido en la lectura sea rentabilizado.

Si Usted es padre o madre de familia, no olvide que también es un jefe y que puede y debe intervenir en ayudar a sus hijos a maximizar su talento.

En este libro les propongo diez pecados capitales que he encontrado de forma repetida a lo largo de mi experiencia profesional como consultor, empleado, directivo y padre de familia.

El verdadero progreso profesional y personal se alcanza cambiando. Le sugiero que no dude en hacerlo si algunos de los pecados capitales que aquí se presentan forman parte de su código de conducta. Su mente, sus compañeros, su familia, su salud y su vida se lo agradecerán.

Y no permita que la complacencia le haga llegar a la conclusión de que dado que sólo comete uno o dos pecados, será mejor continuar como hasta ahora.

Comparto, desde que la descubrí, esta frase de Scott Fitzgerald que leí, en una ocasión, en un artículo de Antonio Muñoz Molina: «Prefiero la lucidez del fracaso que la complacencia del éxito.»

Primer pecado capital

El jefe no decide, no manda

El mando de muchos no es
bueno. Basta un solo jefe.
Aristóteles

Un jefe que no toma decisiones no es tal.
Sería análogo a decir que un ordenador no
procesa o que hay una montaña sin laderas.
Escuchando una conversación

Cuando tres marchan juntos, tiene
que haber uno que mande.
Proverbio manchú

La ausencia de mando puede tener consecuencias muy perniciosas para la organización. Este vacío en el mando puede venir derivado por una no aceptación por parte del jefe de las responsabilidades asociadas al cargo, lo cual supone una dimisión implícita.

Algunos jefes no pueden dimitir, lo cual supone una mala noticia para sus subordinados.

¿Quién tiene miedo a quién? Protagonistas: unos padres de alumnos de segundo de la ESO

A principio de curso, acudí a la reunión que todos los años convoca el colegio de mis hijos para darnos a los padres la bienvenida al nuevo curso y facilitarnos la información más relevante relacionada con la incipiente actividad escolar.

Los padres somos cariñosamente regañados todos los años por nuestra incapacidad para ejecutar las tareas que nos son propias y que conducirían a nuestros hijos por una correcta senda en su educación. Son consejos con los que cualquier persona con sentido común estaría de acuerdo y sobre los que hay el más absoluto consenso.

Las intervenciones corren a cargo del Director del colegio, del Coordinador del Curso y también de unos psicólogos que son los responsables del Área de Ayuda, al que muchos padres y niños acuden para ser atendidos de una forma más personalizada cuando algún problema, no necesariamente grande, se plantea durante el curso. Normalmente, la presentación dura una hora y tiene como broche final una exposición audiovisual que el Coordinador del curso ha preparado y que, por lo general, me emociona.

Al finalizar las diferentes alocuciones, son los padres los que pueden preguntar y sugerir al Equipo Directivo. Este año hubo algunas intervenciones de padres que, en parte, me animaron a escribir este libro. Les comentaré las dos más sobresalientes.

La primera de ellas era una pregunta que una madre y un padre hacían al psicólogo del colegio con relación a la concentración en el estudio, tema que había sido previamente abordado por aquel profesional. La madre preguntó al psicólogo si su hijo debería evitar hablar por el móvil durante su tiempo de estudio diario. El psicólogo contestó afirmativamente con un lacónico «Sí». El padre volvió a insistir sobre el tema y le preguntó que si eso significaba que deberían prohibírselo, a lo que el psicólogo volvió a contestar afirmativamente, esta vez, con una frase algo más larga: «Claro que sí; de lo contrario, no conseguirá concentrarse». Finalmente, el padre tuvo una última intervención en la que preguntó si el psicólogo consideraba oportuno quitarle el móvil a su hijo si éste hacía caso omiso a las instrucciones de los padres a lo que el psicólogo respondió con un «Sin duda». La madre hizo un último comentario algo desesperado... «Pero ¿cómo?»

Una vez que terminamos en el Salón de Actos, los padres nos dirigimos a cada una de las aulas de nuestros hijos.

Allí somos recibidos por el tutor o tutora, que hace una primera valoración de sus impresiones de la clase y solicita a los padres su colaboración en un objetivo común: la educación de sus hijos.

Fue en este marco donde otro matrimonio intervino y preguntó por otro tema sobre el que se trató en la presentación de los directores del colegio: la necesidad de ser constante y estudiar todos los días.

Fue la madre la que tomó la palabra y consultó: «He escuchado vuestra recomendación sobre que los niños estudien todos los días, pero ¿se lo habéis dicho vosotros a los chicos?» Algún murmullo parecía indicar que había más de una familia en la misma situación.

La tutora no pudo dejar escapar una irónica sonrisa y contestó con seguridad: «Sí, claro que sí. Lo hacemos con mucha frecuencia y es un tema que abordamos en todas las tutorías que semanalmente tenemos con ellos, sin excepción».

La madre, que creo que buscaba a alguien que pudiera reemplazarla en sus funciones y consciente de su incompetencia, sólo fue capaz de preguntar tan desesperada como la primera madre: «¿Seguro?»

¡Pobres hijos sin jefes que les manden!

¡Pobres padres que sienten terror de sus hijos!

El conocido 'Principio de Peter' da título a un libro del Dr. Lawrence J., Peter, donde se describe una realidad cotidiana en la vida de las empresas: el jefe alcanza su máximo nivel de incompetencia.

Al 'Principio de Peter' se llega muy fácilmente. Normalmente, sólo tiene que haber una oferta de empleo para la que, aun no estando la víctima del 'Principio de Peter' capacitado para desempeñarla, acepta a cambio de dinero y poder.

A parte del enfermo de Peter, hay otros daños colaterales: los nuevos subordinados del interfecto, que sufren la incompetencia del jefe que, probablemente, antes haya sido compañero eficaz y hoy un superior inútil, y en algunos casos, ni siquiera manda.

'El Principio de Peter'
Protagonista: Alberto Fernández
Puesto: Director Comercial
Número de personas a su cargo: Seis
El protagonista depende del Director General

Alberto ha sido comercial toda su vida. No fue su padre quien le hiciera heredar esta profesión, bien al contrario, era físico.

Pronto demostró sus habilidades como comercial de venta de publicidad y él mismo descubrió que se trataba de una profesión fácil de desarrollar y en la que ganaba mucho más dinero que sus amigos que, en cambio, tenían trabajos mucho más sesudos.

Alberto jamás fue ambicioso, quería simplemente trabajar en una empresa que le ofreciera tranquilidad. Ése era su principal objetivo, todo lo demás era secundario. Las tribulaciones de la vida le llevaron a tener que dejar una empresa que le ofrecía esa tranquilidad que él buscaba como consecuencia de un expediente de regulación de empleo que afectó a la mayoría del personal. Allí trabajaba como comercial, dependiendo de un Director Comercial del que siempre dice que aprendió la mayoría de lo que sabe. Su principal trabajo era llevarse bien con los clientes, invitarles a comer, procurar que sintieran que Alberto era amigo suyo y que se preocupaba de ellos más que sus competidores. Y lo conseguía.

Muchos de sus fines de semana los organizaba en función de la agenda de los clientes, y su mujer, Victoria, sabía la importancia que tenía para él y para su trabajo hacer esos pequeños esfuerzos.

Su trabajo no exigía tomar decisiones y eso le complacía. Ello le permitía quejarse de quienes las tomaban, ya que siempre había algo que no funcionaba de la manera que a él le permitiera rentabilizar su trabajo. Hacía saber sus quejas a aquellos que no eran los responsables de las mismas, pero sí en cambio eran personas que mandaban más en la organización. De esa manera si su trabajo no había resultado tan brillante como pudiera esperarse, había motivos ya anunciados que lo impedían. Y si, como ocurría con mucha frecuencia, se conseguía llegar al objetivo, alardeaba de lo duro que era su trabajo. Era un simple mecanismo de defensa de una persona muy insegura.

Dado que su experiencia y contactos valían mucho, una empresa del sector le ofreció convertirse en su nuevo Director Comercial una vez que terminó de ser despedido de su anterior empresa. Y a él le gustó mucho la idea de poder ser el jefe. Quienes ahora iban a contratarle valorarían que los clientes gastaran más dinero en la empresa. Él sabía que las fiestas y cenas de fines de semana iban a permitirle conseguir lo que perseguían los que ahora le empleaban y pagaban.

«Tendrás un equipo de seis personas, todas ellas muy jóvenes y con poca experiencia y a las que tendrás que dirigir y motivar», le dijo su nuevo jefe, el Director General. Fue presentado a quienes ahora iban a depender (qué horrible y dramático verbo) de él. Se le explicó cómo estaba el equipo organizado y se le dio la libertad para elegir cómo quería estructurar a la fuerza comercial.

Han pasado dos años y los números acompañaron. Los clientes de Alberto aumentaron su inversión gracias a su directa participación en la gestión de los mismos. El mercado creció a una velocidad inesperada y sus jefes estaban contentos por cumplir el presupuesto a pesar de que crecieran por debajo del mercado.

Alberto era un comercial que ahora tiene en su tarjeta el puesto de Director Comercial. Durante estos dos años no dirigió a nadie, porque a nadie mandó, ni tomó una sola decisión. Sus comerciales esperaron que algo ocurriera, le recibieron con la esperanza de aprender algo de su nuevo Director Comercial, pero nunca fue así. Ellos acuden al Director General cuando necesitan solucionar algo y dejan la empresa cuando algún competidor les tienta.

Antonio, uno de los comerciales, habla de Alberto como una persona servicial, pero de quien «no se puede esperar que dé una orden que no sea exactamente lo que sus jefes le dicen. No manda porque no sabe, lo que nos hace perder el rumbo y no estar coordinados entre nosotros».

El Consejo de Administración ha encargado un trabajo a *Accenture* y la conclusión es sencilla y demoledora. La empresa vende mucho menos de lo que debería. El mercado crece sin parar y la empresa está desaprovechando esta singular bonanza. En la empresa parece que nadie sabe bien qué es lo que se está haciendo mal. Los de *Accenture* dicen que, en realidad, lo que se está haciendo es no hacer nada, porque no hay nadie que mande.

A veces, se puede notar quién manda en un departamento de una empresa solamente con darse una vuelta por las oficinas de la misma. No piense que es porque se trata de la persona que más grita o se enfada. Hay veces que el que manda tiene tan claro que esa es su función y lo hace tan bien que el resto de la organización le acepta y su mando se conoce antes, incluso, que se oficialice a través de una presentación.

Maestro
Protagonista: Sergio González Otal[3]
Puesto: Director de *Radio Madrid* (*SER*)

Era 1985 y yo tenía 22 años. Estudiaba en la Universidad Autónoma de Madrid la carrera de Ciencias Empresariales. En realidad, no tenía ninguna vocación de economista o similar. Quizás, mi verdadera vocación era la de hacerme rico, asunto que no he conseguido.

Había tenido la suerte de conocer a Mariano García, el más importante de los *disc jockeys* de radio de música *heavy*. Yo era para él «su publicista», puesto que iba de radio en radio llevando las grabaciones con la publicidad de clientes que él gestionaba. Para mí era un trabajo cómodo y compatible con otros clientes que yo tenía. Una de las radios que más visitaba era la *SER* (acrónimo de *Sociedad Española de Radiodifusión*), propietaria de *Los 40 Principales*. Un buen día y después de haber realizado muchas visitas, el jefe de publicidad, Antonio José Alés, me hizo saber que el Director quería verme. Yo no entendí que es lo que podía querer de mí el Director de la emisora más importante de cuantas visitaba.

Alés me acompañó al despacho de Sergio González Otal,

---

3 Sergio González Otal sigue trabajando en la SER cuando este libro se escribió. Lleva más de cuarenta años en esta empresa, y hay quien se pregunta si tendrán que cerrar cuando él se vaya. Actualmente, es Director de Expansión y una fenomenal persona.

un hombre de unos cuarenta y cinco años, alto y muy corpulento, que desprendía una simpatía y seguridad poco corrientes. Sergio me preguntó por mi vida, por mis inquietudes y, al final de la conversación, me dijo que quería que trabajara con ellos en calidad de Agente de Publicidad (vendedor de espacios publicitarios). Casualmente, unos días antes el Director de Radio 80, Fulgencio Sánchez, me había hecho una propuesta parecida. Le comenté a Sergio la conversación con su competidor y él inmediatamente me mandó. Era la primera vez que lo hacía.

«Dile a Fulgencio que tienes una oferta mejor que la suya. No pierdas el tiempo y vente a trabajar con los líderes», me dijo.

La oferta de Sergio era peor económicamente, pero mucho más atractiva profesionalmente. «Tienes razón», le contesté. Él había tomado la decisión por mí y yo estaba contento con ella.

Dos semanas más tarde estaba trabajando como Agente de Publicidad en la *SER*, disfrutando de unos años que jamás olvidaré. Cada vez que tuve la oportunidad de trabajar con Sergio, era consciente de que él sabía lo que quería de su equipo. Tomaba decisiones y las comunicaba para que el resto pudiéramos ejecutarlas.

Sergio contaba entre su equipo con Fernando Olmeda, jefe de ventas de Radio Madrid que, a la sazón, era mi jefe directo. Un gran jefe como Sergio elegía y dirigía a grandes jefes como Fernando, al que dediqué este libro.

Veintiún años más tarde, Sergio y yo seguimos viéndonos una vez al año para comer y les aseguro que, además de sentir una eterna admiración por su persona, le agradezco cuanto influyó en mi vida gracias a su determinación, mando y decisión.

Para mandar hay que saber delegar. Para que salga bien lo primero uno tiene que saber hacer lo segundo; de lo contrario, uno está en todas partes y en ninguna. La esencia del mando es la delegación de funciones y tareas a un tercero. El que manda elige en quién delega, le proporciona las herramientas para que realice la labor encomendada, controla y evalúa los resultados.

Muchos jefes no saben delegar y convierten a sus subordinados en sus tontos esbirros, que retiran su talento e inteligencia de la empresa y se abandonan a hacer lo que el ente superior les dice que deben hacer.

Los buenos jefes saben que es útil y recomendable que cada uno se encargue de lo suyo, y dedican su tiempo a facilitar la labor de los demás sin inmiscuirse.

«Te pido que no entres en mi despacho»
Protagonista: Pepe Monserrate[4]
Puesto: Presidente Ejecutivo
Empresa: *Grupo Movierecord*

Corría el año 1997 cuando, después de muchas reuniones, Pepe Monserrate y yo llegamos a un acuerdo para incorporarme como Director General del *Grupo Movierecord*, una empresa de exclusivas publicitarias especialmente conocida porque encabezaba con un pegadizo *jingle*[5] las películas de la mayoría de los cines en España.

Yo no sabía nada del sector. Había tenido experiencias profesionales en el mundo de la agencia, de los eventos y como Director de ventas de la SER en Madrid, pero empezaba de cero en cuanto

4 Pepe Monserrate fue Presidente Ejecutivo y principal accionista del *Grupo Movierecord*. Actualmente, se dedica a sus negocios y, fundamentalmente, a vivir bien y compartir sus recuerdos, ideas y pensamientos con las personas que él quiere. Es un empresario nato, pero sobretodo una persona que aparentemente —es difícil conocer la verdad absoluta de las personas— sabe relacionarse a la perfección con la vida.

5 *Jingle* es una música publicitaria que, normalmente, acompaña a los anuncios. La música de *Movierecord* era muy conocida, el signo más notorio de la empresa.

a lo que a la venta de publicidad a grandes clientes se refería. No conocía a ningún cliente, no sabía nada sobre cómo se vendían los productos que *Movierecord* comercializaba, y aun así, Pepe me hizo la oferta de trabajo de mi vida.

Dado que comimos, cenamos y nos reunimos en varias ocasiones antes de que cerráramos el acuerdo, fuimos conociéndonos bastante mejor de lo que es habitual cuando una persona entra a trabajar en una empresa.

Le pedí algo a lo que él accedió y que le define como jefe:

> «Pepe, necesito saber que en Movierecord te tendré cerca, pero al mismo tiempo quiero sentirme suficientemente libre para hacer y deshacer. Así pues, te propongo la siguiente norma entre nosotros: tú no podrás entrar en mi despacho y yo iré al tuyo cuando tú me reclames o en el momento que sea necesario para mí. Lo que no quiero es estar sentado con la gente que dependa de mí y tener la sensación de que en cualquier momento tú puedes entrar y cercenar el poder que tengo delegado».

Y así fue durante los más de dos años y medio que estuve en *Movierecord*. Sólo cuando anuncié que me iba a otra empresa, fue cuando Pepe entró en mi despacho ocasionalmente, y lo hizo para sonreírme, para saludarme.

El tiempo que estuve en Movierecord toda mi inteligencia estuvo al servicio de la empresa, de mis compañeros, de los clientes y proveedores. Y eso mismo que Pepe hizo conmigo —mandar y delegar— se repitió desde mi puesto hacia abajo, salvo aquellas pocas excepciones en las que no era aconsejable y que fueron solucionadas reemplazando a la persona de su puesto o complementándola con nuevas incorporaciones.

Hay jefes que no mandan porque no toman decisiones y hay otros que mandan diciéndolo todo. Algo así como decirle a un Director de Marketing: «Tienes que hacer una presentación ágil, diferente que ayude a los comerciales a vender más. Aquí la tienes, ponla en bonito». El Director de Marketing hará lo que el jefe le dice, la pondrá en bonito y no sugerirá una sola idea de su cosecha. Mandar sin delegar es simplemente no mandar.

En la capacidad de delegar esta parte del éxito. Con motivo de la reciente muerte de Jesús de Polanco, Presidente del *Grupo Prisa*, se ha conocido alguna anécdota referida a su persona en relación a su capacidad de delegar como fundamento del mando. Juan Luis Cebrián y De Polanco firmaron un pacto de caballeros en el restaurante *Sacha*, en el que uno y otro se comprometían a ser un equipo y defenderse de los posibles ataques del exterior. Aún más, Jesús de Polanco no se inmiscuiría en la dirección de la redacción, el alma del periódico. De la misma forma, Cebrián no tendría otro interlocutor en la empresa que su jefe, en ese momento Consejero Delegado de *El País*, Jesús de Polanco. Los cuatro directores que tuvo *El País* glosaron la figura de su Presidente recién fallecido, recordando que pudieron hacer su trabajo sin que el que más poder tenía interviniera para hacerles más inseguros, menos productivos.

Este sencillo detalle, al margen de muchos otros de mucho mayor calado y complejidad, pudo ser el germen del éxito empresarial de *El País*. Eficiencia, trabajo en equipo en las alturas de la empresa, que permitiría sacarle el máximo rendimiento al talento en vez de estar concentrados en inútiles vicisitudes de carácter personal. Y todos los que hemos trabajado o tenido alguna relación con el *Grupo Prisa* sabemos quién era el que mandaba.

Que el jefe no mande tiene consecuencias para el resto de la organización que está subordinada a él.

La indecisión empieza a rodar y se convierte en una gran bola de nieve con mezcla de incertidumbre, tedio y desmotivación. Al fin y al cabo, a nadie le gusta estar pendiente de uno de los montones de papeles del despacho del jefe, que es donde se acumula la información necesaria para tomar la decisión.

Hay consultores de empresas de selección de personal que se quejan de sus clientes –jefes directivos– porque son incapaces de tomar una decisión al respecto de la persona a elegir, después de haberles presentado muchos candidatos. Incluso hay algún jefe que le ha propuesto al consultor que sea él mismo el que tome la decisión.

El jefe tiene inherente a su cargo la función de mandar y asociada a ésta la de elegir, la de decidir. De no producirse la decisión, es probable que mucho, muchísimo, tiempo y talento se pierdan en el camino.

«No sé nada de lo tuyo, lo siento»
Protagonista: Benjamín Calvo
Puesto: Mando intermedio con diez personas a su cargo.
Depende del Director de Operaciones.

Benjamín ya no se va a ir de la empresa en la que trabaja. Lleva ya veintisiete años en ella. Quienes son ahora sus jefes llegaron mucho más tarde que él y le tienen en alta consideración por su lealtad a la empresa y por su trabajo eficaz y profesional.

Empezó a trabajar cuando estudiaba la carrera como ayudante en el Departamento de Administración y durante el tiempo que ha estado en la única empresa en la que ha trabajado ha tenido la oportunidad de conocer diferentes áreas, hasta que le hicieron jefe cuando ya tenía doce años de antigüedad.

Ser jefe suponía tener personas a su cargo, ganar algo más de dinero y prácticamente ninguna diferencia más. Él siempre había velado por los intereses de la empresa, que consideraba como suya a pesar de no ser accionista y no tener, durante muchos años, una retribución variable que pudiera incentivarle económicamente para mejorar su rendimiento. En realidad, Benjamín le estará agradecido toda la vida a la empresa que confió en él y le dio su primera oportunidad laboral, su primera nómina y que vio como Benjamín se casaba con una compañera y tenía dos hijos. Se podría decir que Benjamín es un empleado de «los de antes» que difícilmente cambiaría de empresa, por él no iba a ser. Jamás envió un currículo ofreciéndose a otra compañía o consultora de selección de personal.

En el transcurso de los años que ha estado en *su empresa* hubo algunos cambios, el más importante un cambio de propiedad, pasando de ser una sociedad familiar a formar parte de un conglomerado industrial. Los antiguos propietarios —dos hermanos— aún ejercieron como Presidente y Director General durante tres años más después de la compra, tal y como habían pactado. Todo cambió tras la marcha de los fundadores. Una horda de *tres ejecutivos agresivos*, como Benjamín solía llamarles, llegó a la empresa.

Lo peor no fue la adaptación a la que unos y otros (nuevos jefes y resto de la organización) tuvieron que someterse para poder hacerse entender, ni los cambios organizativos que se produjeron, ni siquiera la dolorosa despedida de once compañeros que prefirieron acogerse a un plan incentivado para prejubilarse. Lo peor fue que los nuevos jefes no resolvían. Siempre había algo que dilataba las decisiones de cualquier índole.

Benjamín sufría no poder trasladar a las ocho personas que dependían de él, información que era muy importante para poder desempeñar su trabajo y que también afectaba a su estabilidad emocional.

—¿Sabes finalmente cómo se queda el tema de la retribución variable? —le preguntó una vez más uno de sus subordinados.

—Espero que me digan algo en la próxima reunión del lunes. Me sienta muy mal no poder darte una contestación, pero sabes que no depende de mí —se justificaba Benjamín, que no quería mentir

—¿Y lo de la acción de relaciones públicas para clientes, cuándo crees que será? Es importante que hagamos algo, otros años hemos organizado un evento que siempre fue rentable.

—Ya sabes que este año esa decisión se pasó al Comité de Dirección y que es una decisión de las que el Consejero Delegado califica de indelegables. Me imagino que nos dirán algo pronto.

—Benjamín, esto es un desastre y tú lo sabes. Estoy más pendiente de las fumatas blancas del Comité de Dirección que de mi trabajo. Y eso no le interesa a nadie, ni a los clientes, ni a la empresa, ni a mí, por supuesto.

—Ya sabes, quizás se estén adaptando y conociendo mejor la empresa —trataba de justificar lo injustificable.

—¡Anda y no me jodas! ¡Qué nos conocemos desde hace mucho tiempo, Benjamín! Tú sabes bien que esto es una gran cagada. Si un jefe no sabe o no puede decidir, que se vaya a su puta casa. Y así de claro te lo digo —se enfurecía su colaborador más cercano.

Tengo la convicción que clientes y empleados tienen muchas más similitudes que diferencias. Estas últimas son obvias, y la más importante es que mientras con el cliente mantenemos una relación servicial, incluso a veces servil, con el empleado la relación tiene un alto componente coercitivo.
En cuanto a las similitudes, destacaría dos:

- **a) Tanto cliente como empleado producen para la empresa y ésta tiene el loable objetivo de conseguir que los dos produzcan más.**
- **b) Y los dos son fuente de una información que puede ser enormemente útil.**

Hay muchos jefes pecadores que olvidan esto y, en cambio, ponen de manifiesto mucho más las diferencias —la relación coercitiva —que las similitudes, profundizando en el desequilibrio a través de limitar el acceso a herramientas que son necesarias para el desempeño de sus subordinados.

Y quizás la herramienta más espuriamente utilizada sea la información.

El jefe que cree que manda porque sabe cosas que otros no saben (ya que él no las ha contado), no manda, es simplemente estúpido[6] (se hace daño a sí mismo y a los demás).

Le traigo en este ejemplo a una amiga que habla de ello, como víctima y beneficiaria. Depende del jefe.

«Aprendí que la información es poder» Protagonista: EB Puesto: subordinada, depende del Director General

Elena me habló un día de la relación con sus jefes. Me habló de muchos de ellos y me dijo que uno, su nombre carece de

6 Carlo Maria Cipolla, en su libro *Allegro ma non troppo*, definió una serie de leyes fundamentales de la estupidez humana. No deje pasar un día más sin leerlo, si no lo ha hecho todavía.

importancia, la había convertido en un ser más productivo y útil para su organización.

—Con él aprendí la importancia que tiene la información —me dijo.

—No entiendo a que te refieres. ¿Hacía mejores reportes? —le pregunté confuso.

—No, nos daba acceso a todos a información que nos era útil en nuestro trabajo y nos permitía sentirnos más cercanos a la empresa, e incluso tuve ideas que jamás se me hubieran ocurrido si no hubiera sido gracias a esa información a la que accedía por primera vez. Como hasta el momento no había tenido ningún jefe tan generoso con ese bien preciado, aprendí lo miope que se puede ser cuando se administra la información como si se tratara de un recurso escaso y de gran valor. Entiendo que no se nos haga partícipes de todos los detalles de la empresa, pero esta manía de cotillear con la información me parece fea y realmente estúpida.

—Y cuándo no tuviste información, ¿qué es lo que más te molestaba? —la inquirí, interesado en el tema.

—Además de sentirte inútil, lo peor era aquella pregunta retórica del jefe en la que sólo quería hacerte quedar mal en algo que tenía él la culpa: «¿Todavía no te has enterado?» Era para decirle: «So necio, cómo me voy a enterar si tú eres el único que lo sabes y no me lo has contado».

Recordé entonces cuántas veces me había ocurrido esto mismo y lo frustrante que me había resultado esa dolorosa experiencia de parecer desinformado por culpa del estúpido jefe que hacía esa pregunta: «¿Todavía no te has enterado?»

Conclusiones.
Primer pecado capital.
El jefe no manda, no toma decisiones.

Un jefe que no toma decisiones no es tal. Sería análogo a decir que un ordenador no procesa o que hay una montaña sin laderas, o es como un hijo que no pide o un teléfono que no suena.

«Si eres mi jefe, deberás decirme qué vamos a hacer. No esperarás que lo haga yo. ¿Quién va a hacerme caso si yo no soy el jefe?»

El jefe que no manda, que no decide, es un estorbo. ¿Para qué queremos una novia que no besa, un cantante que no canta, un bolígrafo que no pinta?

El jefe que no manda hace que su equipo se sienta inseguro. ¿Hacia dónde vamos?, ¿qué es lo que debemos hacer?, se preguntan, desesperanzados, porque perder el rumbo es cosa mala cuando se está de viaje. No es muy apetecible ver cómo hay otros barcos con un capitán al frente, mientras el nuestro va a la deriva y pasan las horas, los días e incluso los años y seguimos viniendo porque nos pagan a final de mes. ¿Hay alguien que quiera decirme adónde vamos?

El jefe que no decide es jefe porque lo dice su tarjeta, pero en realidad no sabe, ni quiere, ser jefe. Eso sí, quiere el sueldo del jefe, que mola mucho más que el del empleado.

Sepa también que para decidir hay que tener más de una opción a fin de poder decantarse entre al menos dos. Digo esto, pues no podremos considerar que Usted sea un jefe si lo que hace es velar para que las cosas no se muevan de su sitio. En ese caso, podremos tenerle como un buen agente de seguridad, un buen celador o lo que prefiera, pero por favor, no se haga llamar jefe, ni tampoco debiera sentirse como tal.

Decidir significa tomar partido entre el sí y el no, o elegir algún color entre los más de 360.000 que dicen que hay. Mandar es decirle a su hijo que no toque el móvil mientras está estudiando y, si lo hace, quitárselo, porque es bueno para él y bueno para Usted.

Ser jefe es decirles a sus vendedores que se organicen de una determinada manera, indicarles qué clientes deben visitar, no permitirles presentar mal.

Para ser jefe, hay que querer y saber mandar, ordenar a un tercero que haga tareas. Ésta es la función más inherente al cargo y responsabilidad del jefe, incluso en las tribus más democráticas siempre hay alguien que tiene delegada la función de decidir cual es la ruta elegida. El jefe debe mandar y velar por controlar y evaluar que lo que ha mandado se cumple. Los seres humanos agradecemos las normas claras y a los jefes exigentes, que saquen lo mejor de nosotros mismos.

Quizás el territorio más común y donde se observa más fácilmente la ausencia del mando por parte del jefe es en la relación con los hijos. Porque son ellos los que más necesitan de alguien que les mande, decida por ellos y les delegue paulatinamente autoridad a medida que se van haciendo mayores y más responsables.

Muchos son los padres (jefes en el argot de los hijos) que son incapaces de ejercer como tales. Así aparecen los niños mal educados, caprichosos, que son incapaces de someterse a un mínimo esfuerzo para conseguir su objetivo más a largo plazo.

También hay jefes que quieren y saben mandar pero que carecen de la autoridad para ello. No pueden mandar sobre sus subordinados porque el jefe ha perdido para ellos incluso la credibilidad que le confiere su cargo. El jefe puede alcanzar su autoridad percibida, aparte de la que emana de su tarjeta, como consecuencia de haberla obtenido por su conocimiento y, por lo tanto, es el referente intelectual para elegir adecuadamente, o bien logra su autoridad a través del ejemplo que hace que el resto de las personas que trabajen con él sientan un respeto por su trabajo y un estímulo para imitarle.

Síntomas del jefe que no manda o no toma decisiones.

- No le gusta mandar y decidir. Lo encuentra estresante y cansado.
- No ha tomado ninguna decisión relevante en los últimos seis meses.
- Por tanto, se podría decir que desde hace algún tiempo se repite lo mismo.
- Hace o aparenta hacer muchas cosas, pero piensa ninguna o muy pocas.
- El trabajo que hace, o una parte importante de él, bien podría hacerlo otra persona de la empresa.
- Amontona decisiones por tomar que finalmente va aparcando y nunca se toman.
- Los subordinados no participan aportando nuevas propuestas que llevan inherente la toma de decisiones. Ya saben dónde acaban sus ideas.
- El jefe considera que manda porque sabe más que los demás. Pero el origen de su conocimiento está basado en no compartir información.
- Manda pero no controla ni evalúa el estado de lo que ha mandado.

Algunas sugerencias para mandar y tomar decisiones.

- Analice a qué dedica su tiempo y liste las tareas que podría hacer otra persona que está a su cargo.
- No pretenda que las personas a las que va a delegar esas tareas sean su clon. Simplemente, exprese de forma clara qué es lo que deben hacer, cómo les sugiere hacerlo y cuáles son los resultados esperados.
- Elabore otra lista con las decisiones pendientes y ponga una fecha límite para resolverlas.

- Comprométase cada vez que alguien le pide algo a responderle en un plazo determinado o hágale saber que no está al alcance de su mano tomar la decisión completa. En este caso, informe de la evolución de sus gestiones.
- Sienta gusto por dar órdenes. Para eso le hicieron jefe.
- Piense, piense otra vez. La labor de mandar no es tan sólo hacer, requiere reflexionar. Si alguien tiene que decirle a otra persona qué es lo que tiene que hacer, tendrá que haber decidido entre más de una opción. Y eso requiere pensar.
- Comparta información que va a ser útil para que su mando sea más efectivo. De lo contrario, infrautilizará a sus subordinados y es posible que los desmotive.
- Sus órdenes deben cumplirse. Controle que se hace lo que ha mandado y que las personas tienen los recursos para conseguirlo. Evalúe los resultados, sea exigente, su equipo se lo agradecerá.

Segundo pecado capital

El jefe manda, pero no lidera

La multitud por sí sola nunca llega a nada si no tiene un líder que la guíe.
Hermann Keyserling

Para que una persona pueda ser considerada un líder, necesita tener seguidores.
Extracto de una conversación

Nuestra adhesión a un jefe natural no es una pérdida de libertad, es el reconocimiento que nuestras ideas tienen un ejecutor y un intérprete.
Jorge Santayana

El sentido común es el menos común de los sentidos.
Bernard Shaw

Hay jefes que, efectivamente, mandan, pero no lideran. Toman decisiones, pero son incapaces de convertirlas en algo que los demás compartan.

De eso trata este segundo pecado capital del jefe.

Para conseguir la complicidad de la organización, el jefe tiene que enviar señales, muchas de ellas muy sencillas, que le permitan ser tomado como referente.

Hay jefes muy pecadores que parecen empeñados en hacer todo lo contrario: evidenciar la distancia entre él y los demás, lo cual hace imposible su liderazgo.

El carisma se construye a través de comportamientos cotidianos, no sólo con un verbo fácil y locuaz.

Escondido en el ascensor de los jefes
Protagonista: Q
Puesto: Director General

Este hombre es uno de los que más me han sorprendido en mi vida. Mandaba en una organización de doscientas cincuenta personas que gestionaba un negocio por valor de más de trescientos millones de euros y era la antítesis de un líder.

Durante más de cuatro años, ejerció de máximo responsable de la empresa, y las personas que dependían (horrible y patético verbo) de Q, nunca supieron de él como líder, aunque sí sabían que era quien mandaba y decidía, según se derivaba de su tarjeta de Director General.

Tuve la oportunidad de hacer un trabajo de consultoría para una de las unidades de la empresa y mi cliente era directamente él.

Percibí desde el tercer día que el trabajo sería muy fácil de hacer y que lo único que podía entorpecer un resultado brillante era mi propio cliente, Q. Estaba acostumbrado a esta paradoja (el cliente quiere que le ayudes a solucionar algo que es razonablemente sencillo y que él está estropeando día a día), pero Q consiguió superar con creces a otros directivos.

La distancia entre Q y los demás era propiciada por él. Aquí les cuento un par de ejemplos que evidencian un comportamiento incompatible con el contenido de la palabra «líder».

La entrada a esta empresa tiene una puerta principal desde la cual se distribuyen dos pasillos, ambos permiten llegar al despacho de nuestro personaje. Q, en vez de entrar por la entrada principal de la empresa, utilizaba un ascensor interior mediante el cual accedía directamente a su despacho, sin tener que pasar por delante de otros empleados y así no tener que saludarlos y enfrentarse a sus problemas, quejas y sugerencias. Así pues, Q llegaba por la mañana, saludaba a sus dos secretarias y el resto de la jornada laboral la pasaba en su despacho, alejado del resto de los mortales. Sólo vería a aquellos a los que él llamara a su *refugio*.

Esta primera anécdota forma parte de una actitud global de este Director General, cultura que inevitablemente se trasladó hacia abajo en la empresa. Esa falta de liderazgo convirtió a la organización en un conjunto de reinos de taifas, donde cada Director de Departamento organizaba su trabajo como consideraba conveniente sin tener en cuenta al resto de las áreas. En este entorno se fue haciendo cada vez más palpable un malestar generalizado, evidenciado por la continua fuga de talentos a otras empresas aparentemente menos atractivas que la que dirigía Q.

La mayoría de los empleados sabían que la empresa donde trabajaban podía ser más rentable, y cada uno de ellos hubiera podido participar con su talento en un mayor éxito de la empresa.

Q nunca se preguntó si él era el culpable, simplemente relataba lo que era fácilmente contrastable, como si la responsabilidad fuera de otros, que no suya. Fue entonces cuando tuvo una feliz idea: preguntar a los empleados.

Si Q hubiera sido un líder, él mismo hubiera preguntado, saliendo de su cascarón con forma de despacho y tratando de entender, qué es lo que ocurría. Pero Q estaba demasiado lejos de la realidad como para gestionar esto.

Encargó una encuesta de clima laboral a una consultora. El hecho de pedirle a alguien de fuera lo que eran tan fácil de palpar desde dentro produjo un nuevo malestar entre los empleados, que no entendían por qué había que contratar y pagar a nadie al objeto de descubrir lo que estaba tan claro.

Esta encuesta reveló todo lo que en estas líneas he expuesto y dejó suficientemente claro que la mayoría de las personas iban a trabajar a la empresa con una disposición negativa, siendo palpable la ausencia de un líder que hiciera de comandante en jefe.

Q, una vez que supo los resultados de la encuesta, los presentó en el Comité de Dirección y se disculpó a sí mismo culpando a los demás: el error era de los Directores de Área, y éstos deberían haber avisado. Despidió a un par de directivos, nombró a nuevas personas como miembros del Comité de Dirección y entendió que el problema estaba solucionado.

Los directivos a los que echó eran los más críticos con la situación y, probablemente, los mejores profesionales, que rápidamente encontraron cobijo en empresas competidoras.

A Q, como a cualquier cerdo, le llegó su «San Martín». Fue invitado a ocupar otro cargo dentro del grupo de empresas y ahora descansa plácidamente en un cementerio de elefantes con un buen sueldo y una sola secretaria compartida a su cargo.

Q, jefe, que no líder, descansa vivo en paz. Decenas de trabajadores que conozco sufrieron durante la etapa de nuestro protagonista. Recuerdan esa época como una travesía en el desierto hasta que, afortunadamente, llegó el oasis de un nuevo jefe que sí lideraba. Hoy no hace falta más que un poco de olfato y un rápido paseo por las oficinas de esta empresa para poder percibir el cambio.

Un jefe que se sea líder tiene que tener algunas condiciones. Entre ellas está la de su capacidad de adaptación.

El líder sabe enfrentarse a los problemas y plantear soluciones – no siempre acertadas – que se adapten a la realidad de la empresa y su entorno.

El jefe que repite, que resulta previsible, es difícil que sea un líder, ya que sería demasiado fácil de imitar.

Hay jefes que con su iniciativa fuera de lo corriente han demostrado por qué tienen madera de líderes.

Un buen negocio para los dos
Protagonista: AR
Puesto: Asesor y jefe

Ésta es una brillante historia de un directivo de una importante empresa que fue requerido por otra en calidad de amigo y consultor para que ejerciera momentáneamente de líder. Me gustaría revelar su nombre, para muchos resultaría conocido, pero quien me la contó me pidió confidencialidad.

Una cadena de pastelerías tenía un grave problema con el personal: no producían suficientes tartas para atender a la demanda y los dueños de la empresa sabían con certeza que con la plantilla existente se podrían producir muchas más tartas que las que era necesario. La conclusión era bien sencilla: los trabajadores se habían revelado contra la dirección, siendo menos productivos de lo que podían ser. La situación estaba tan enconada entre empleados y empresa que sólo cabría despedir a muchos trabajadores que tenían mucha antigüedad, lo cual era inviable, dado que la empresa no pasaba por momentos boyantes.

Uno de los socios de esta empresa familiar acudió a uno de sus amigos en busca de ayuda.

—No sé qué hacer, nos vemos abocados al cierre. Con la escasa productividad de la plantilla, no somos capaces de fabricar suficientes tartas para llegar al punto de equilibrio. Nos tienen en su mano. No entiendo muy bien qué buscan —le confesaba el socio a su amigo.

—Eso es precisamente lo que tenemos que descubrir, saber qué es lo que quieren a cambio de aumentar su productividad. Una vez que he visto el proceso de producción de las tartas, comparto contigo que en situación normal y realizando algunos cambios en el procedimiento de elaboración podrían producir más tartas de las que necesitáis. Y no es eso lo que queréis —analizó el amigo convertido en consultor.

—No, sólo queremos producir las tartas que podemos vender. ¿Para qué querríamos más si después las tendríamos que tirar?

—Aquí esta la clave, después te lo explico. ¿Hay algunos cabecillas dentro de los empleados? -preguntó el asesor.

—Sí, los hay. Si quieres, puedes reunirte con ellos y tratar de cambiar la situación.

—Así lo haré.

El amigo, líder y consultor sabía que la situación era difícil y que sólo cabía una salida a través de la negociación, para lo cual tendría que dar algo a cambio de una modificación en el comportamiento de los empleados. Meditó cómo debía plantear la cuestión. Sabía que los empleados estaban muy alejados de la realidad de la empresa, de su propiedad, y que no tenían ningún sentimiento de pertenencia. Decidió que lo primero que debería darles es información, mucha información. De lo contrario, su discurso carecería de credibilidad.

—Como sabéis, he sido contratado para ayudar a la empresa a salir de una situación difícil —empezó con un tono conciliador. Me da la impresión de que no creéis a la propiedad cuando os dicen que la situación es dramática y que no puede seguir así. Lo primero que quiero es enseñaros los números de la empresa.

A continuación, procedió a mostrar las finanzas de la empresa de una forma comprensible para los empleados. Explicó cada una de las líneas más importantes de costes, el margen bruto por unidad vendida, y con ello consiguió su primer logro: concienciar que la propiedad no se estaba quedando con dinero; bien al contrario, de vez en cuando tenían que hacer préstamos a la sociedad para poder pagar las nóminas. El carácter familiar de la empresa había hecho que no hubiera un líder, sino un conjunto de socios enfadados con sus empleados.

—He aprendido cómo se hace vuestro trabajo y cuánto tiempo considero que tarda en elaborarse una tarta de tipo medio —continuó explicando a los representantes de los trabajadores. Os voy a hacer una enumeración exhaustiva de cada una de las tareas para así sumar el tiempo total. Con algunos sencillos cambios de procedimientos, el tiempo se verá, además, reducido en un 20% aproximadamente.

Desplegó entonces un cuadro con todas las tareas que los trabajadores hacían en la elaboración de las tartas. Salvo alguna pequeña discrepancia, los trabajadores estaban de acuerdo con el análisis. Siguió, entonces, con su propuesta.

—Para hacer las tartas que esta empresa necesita para sobrevivir y tener unos reducidos beneficios, cada uno de los empleados debe destinar aproximadamente seis horas de trabajo diario, un 25% menos del tiempo que en realidad os paga la empresa. Y esto trabajando a un ritmo normal. No os voy a preguntar por qué no lo hacéis, vuestras buenas razones tendréis. Yo vengo a haceros un ofrecimiento en nombre de la empresa, que creo que conviene a las dos partes. La empresa ya no quiere que estéis ocho horas, lo que quiere es que cada trabajador produzca un número de tartas diarias que satisfaga a la demanda, tanto si tardáis cinco horas en hacerlas como si tardáis diez. Ése es vuestro problema. Una vez acabado el trabajo, el personal se puede ir a su casa. Si hubiera necesidad de hacer más tartas, lo cual significaría vender más y ganar más, se repartirá el 50% del margen bruto entre la plantilla, convirtiéndoos de esta manera en beneficiarios directos del posible aumento en las ventas.

Los cabecillas, una vez que lo consultaron con el resto de los compañeros, aceptaron la propuesta.

Sólo un líder puede realizar un planteamiento tan elegante e inteligente. Un jefe que no es líder se limitaría a imponer su decisión, y quizás profundizaría en la brecha abierta con los empleados para no conseguir nada.

El líder adapta su mensaje, su forma de proceder, en función de lo que ve y de lo que sabe.

«¿Soy el mismo?, ¿qué es lo que me pasa?», puede preguntarse una persona a sí misma cuando observa un cambio principal en su estado anímico, en su creatividad, en su productividad.

Los que hemos sufrido estos cambios en nuestra capacidad, incluso nos preguntamos si nuestro talento se ha visto alterado por alguna razón. Pero rápidamente nos contestamos que no es así.

Añoramos aquella empresa y a aquel jefe que sacó lo mejor de nosotros mismos y lamentamos pertenecer a esta empresa y ser subordinados de este jefe que nos está matando, sin que él quiera, y sin que él pueda, darse cuenta de tan cruel asesinato.

Dos multinacionales, dos
Chalker vs GB. Líder vs Jefe
Puesto: Presidentes de sendas multinacionales

Trabajé como el principal ejecutivo de la filial española de dos multinacionales, una americana y otra alemana. Ser el primer ejecutivo de una filial tiene muchas ventajas y creo que pocos inconvenientes, aunque cuando éstos afloran se hacen más grandes. La distancia puede convertir una minucia en un asunto de categoría.

Creo que la principal ventaja de ser el consejero delegado de una oficina de tamaño mediano de una multinacional es que uno disfruta de las ventajas de trabajar en una empresa grande, con muchos recursos tanto económicos como intelectuales, y al mismo tiempo se disfruta la posibilidad de tener gran libertad de acción y decisión sobre la unidad de negocio local. El jefe está lejos, no pregunta mucho y es posible adaptar el saber hacer multinacional a la realidad local y al entorno competitivo en el que la empresa se encuentra en el país.

En una de estas dos multinacionales me sentí enormemente útil. Me fui de la empresa por otra que me ofrecía un sueldo que más que doblaba el que tenía y con un reto profesional más importante. En la otra me sentí tan inútil que acabé por irme, no sin antes discutir y pelear.

John Chalker era Presidente de *Maritz Europa* cuando dirigí la filial española. Con nadie he aprendido tanto marketing y liderazgo como con él.

Chalker jamás rehuía su responsabilidad y ésta incluía los posibles compromisos que yo hubiera adquirido con terceros y que dependían del visto bueno de la central. Yo me sabía respaldado, y tanto mis compañeros de la filial española como yo nos sentíamos parte de los intereses del conjunto.

Nunca fue complaciente y sí bastante exigente, solicitándome que trabajáramos mucho y bien para conseguir levantar a la filial de una situación deficiente.

Chalker y la organización multinacional nos aportaba el saber hacer en forma de ideas desarrolladas en otros países. Nuestra era la misión de adaptar y rentabilizar esas ideas en el mercado español y estaba igualmente atento a lo que cada país hacía con el fin de que esa rueda de conocimiento no se perdiera. Jamás me impuso algo que pudiera considerarse arbitrario; bien al contrario, prefería escuchar mis comentarios al natural sin que fueran adulterados por un mandato de homogeneización multinacional.

John Chalker fue un jefe líder que me hizo ser muy productivo, sentirme útil y bien, y aprender mucho. Trabajé como un descosido para lograr los objetivos de la empresa, que eran los mismos que los míos.

GB era el Presidente de la otra multinacional para la que trabajé. La filial española era el resultado de la unión entre capital alemán y español. A diferencia de Chalker, este caballero rehuía su responsabilidad y quería que todos los proyectos fueran desarrollados bajo el prisma de sus experiencias en Alemania y en otros países. Pretendía que le presentara y dijera a los clientes cosas que yo sabía de antemano que serían motivo suficiente para que nuestra relación se deteriorara, ya que carecían de sentido en su aplicación en el mercado español. Cuando se lo exponía, GB se limitaba a decirme que debía explicarle a los clientes que en otros países las cosas funcionaban de esa manera y que en España también debería ser así. Mi negativa a hacer el ridículo y poner en juego los puestos de trabajo de mis compañeros dificultó nuestra relación.

Sus ansias porque todo el mundo fuera igual era una visión que sus más estrechos colaboradores cumplían a rajatabla:

—El punto cuarto, sexto y octavo de la presentación que nos habéis enviado para que realicemos en la convención de Bucarest no se aplican a nuestra realidad local. Y la información que nos pides, además de no ser relevante, nos llevaría mucho tiempo elaborarla —le hacía saber al Director de Marketing de la central.

—Tenéis que presentar el mismo formato que todos, cada uno de los puntos con la información que se solicita. Es necesario que todas las oficinas lo hagan igual —me contestaba.

— Pero ¿no será mejor que cada uno contemos lo que hay y no acabar inventándonos las cosas? —me quejaba.

— Es lo que hay —sentenciaba el ejecutivo convertido en esbirro de su jefe.

Este tipo de conversaciones se reproducían con cierta frecuencia, reducían mi capacidad creativa a la mínima expresión y obligaba a mis compañeros a trabajar en cosas inútiles.

Yo era la misma persona, pero mis jefes me hicieron muy diferente.

GB, el jefe que mandaba pero no lideraba, me hizo ser improductivo, sentirme mal y centrarme en disputas internas en vez de negociar con los clientes.

Yo era el mismo, ¿o no?

En las empresas de trabajadores del conocimiento (el concepto creado o descubierto por Alvin Toffler), el gasto de personal es la línea de costes frecuentemente más elevada de todas.

El jefe pecador que no lidera parece incapacitado para darse cuenta de que su participación puede o bien reducir esa partida o hacerla más eficaz. Un caso repetido e incomprensible es el del jefe que no ha entendido que una de sus principales misiones es la de ser un facilitador y no un entorpecedor.

Y facilitar es para empezar suministrar, proveer al trabajador del conocimiento de las herramientas necesarias para que su materia gris produzca.

Quizás sepa Usted bien a qué me refiero cuando le hablo de los cientos de miles de personas que harían mejor su trabajo si tuvieran los utensilios que el jefe les niega no se sabe muy bien por qué. Hay trabajadores del conocimiento que saben que pierden su tiempo porque no tienen lo necesario para realizar su trabajo, pero su jefe no se lo da. Por eso, se encogen de hombros y dicen:«Donde manda patrón, no manda marinero».

Tampoco es tan difícil, es cuestión de ganas Protagonista: unos jefes cualquiera

Íñigo dice que su ordenador no va rápido y es desarrollador de *software*. Cobra 32.000 € al año. El coste de cada hora que trabaja es de 21,5 €, si no se pone ningún día malo y las ocho horas las dedica a trabajar. Me he sentado al lado de él y su trabajo se hace desesperante.

No, no son las líneas de código las que le ponen frenético. Es el ordenador, que va muy lento.

–¿Por qué tienes este ordenador tan lento? La secretaria tiene un ordenador mucho mejor que el tuyo.

–Pues no lo sé, pero el caso es que me hace perder mucho tiempo. Mi jefe lo sabe, aunque no parece darle importancia.

El ordenador que le hace falta a Íñigo vale 1.425 €, es uno razonablemente bueno. Sería una compra rentable si, amortizando el ordenador en cuatro años, el ordenador le ahorrara a la empresa una hora y media de Íñigo al mes.

Pregunté al jefe y me dijo que tenía un presupuesto para ordenadores y que hasta dentro de dos años no le tocaba a Íñigo.

> —¿Me he perdido algo? (yo, al menos, no lo entiendo).

Juan es un investigador español y piensa irse de España en cuanto pueda. ¿Por qué?, se preguntarán.

No es porque haya poco dinero para investigar.

No es porque no haya proyectos interesantes.

Es porque tiene poco tiempo para investigar.

El «papá Estado» saca todos los años una serie de plazas para investigadores, pero convoca muy pocas para personal de apoyo a la investigación.

Con ese panorama, Juan se dedica a hacer muchas tareas que no le gustan para las que hay mucha mano de obra bastante más barata y cualificada que la suya. Todo ello ha conseguido que no logre su objetivo: investigar.

> —No me puedo imaginar a un investigador americano haciendo de secretaria, de medio abogado, de medio economista. Aquí perdemos muchísimo tiempo y dinero. Sólo haría falta alguien que viera lo que hacemos para que supiera cómo hay que convocar las plazas: investigadores con personal de apoyo —dice Juan hastiado de no poder hacer un trabajo para el que se cree capacitado.

Si Juan se marcha a otro país, habremos perdido todo su capital intelectual y otros muchos colegas suyos se verán animados a hacer lo mismo.

> —¿Hay alguien que me lo explique?

Óscar está harto de lo que él llama los «cinco minutos de su jefe». Cada vez que se queja de algo que cree que le impide hacer su trabajo, su jefe le dice «eso sólo te lleva cinco minutos».

> —Me lleva mucho más de los famosos cinco minutos y no me permite centrar todos los esfuerzos en la tarea para la que estoy contratado: vender más. Todo el tiempo que le quito a vender son menos ingresos para la empresa. Eso es lo que realmente debería importarle a mi jefe, pero se ve que él está más contento encargándome cosas que me llevan «cinco minutos».

Óscar tiene una productividad de 250 €/hora de margen bruto. Después de estar con él durante varios días, un asesor llegó a la conclusión de que perdía una hora y media diaria en temas que tenían productividad cero e incluso negativa, dado que afectaba al resto de horas. Así ocurría con los once comerciales que igual que Óscar tenían productividades parecidas.

Al jefe no parecía preocuparle que su gente tuviera las herramientas adecuadas para producir más, para que todos ganaran más. Y les aseguro que era muy fácil. ¿Me pueden ayudar a entenderlo?

El jefe que busca liderar a su equipo tiene que encontrar la complicidad con él. Y esto son palabras mayores, fáciles de decir, pero difíciles de conseguir. Se trata de que el jefe consiga que los demás interpreten de forma voluntaria y automática la visión del líder.

Bill Gates da once consejos a los que todavía no se han enfrentado al mercado laboral, advirtiéndoles de que los jefes en casa (los padres) y en la escuela (los profesores) son bien diferentes que en el trabajo. Bill Gates[7] advierte a los escolares que en el trabajo no hay tantas oportunidades, ni tan buen rollo como en la escuela y en la familia.

Leyendo estas diapositivas del hombre más rico, y para algunos el más poderoso del planeta, se me ocurren dos cosas:

- **En la familia y en el colegio se nota mucho la falta de liderazgo y eso hace que después los escolares noten tanta diferencia cuando bien podrían haber sido instruidos y liderados para sobrevivir en la jungla del trabajo.**
- **La ausencia de liderazgo de los padres hace que difícilmente sea la familia un lugar adecuado para aprender sobre cómo se debe liderar en el trabajo. Así pues, «de estas tierras sacamos estos lodos».**

Con esas pintas no vas
Protagonista: Juan y su hijo
Van a casa de la abuela

El otro día tuve la suerte de presenciar lo que les narro y así aquí podérselo contar.

Un padre de más de cincuenta años está cerca del portal de su casa. Dado que somos viejos conocidos, charlamos durante un rato sobre asuntos relacionados con la vida universitaria. Ambos, él mucho más que yo, tenemos alguna vinculación con el mundo académico.

Algunos minutos más tarde, su hijo hace aparición y le informa

7 Puede ver la presentación a la que hago referencia en *powerpoints.org* en la sección curiosos.

de que va con él a visitar a la abuela. El padre le dice: «Tú no vas así a casa de la abuela, vas hecho un cerdo. ¿Dónde te crees que vas? Vas a casa de la abuela», se pregunta y contesta él mismo.

Esta forma de dirigirse al hijo me hizo sentirme algo avergonzado, pero no podía irme sin más.

El hijo, de dieciocho años, contesta: «Voy bien, padre. No voy hecho un cerdo porque me he duchado hoy, las zapatillas están limpias».

El padre vuelve a la carga: «No vas con la ropa adecuada para ir a casa de la abuela. Vas fatal».

El hijo responde algo violentado: «Voy bien, padre. La ropa está bien. Así es como voy a muchos sitios, y no pasa nada».

El padre no consiguió su objetivo porque el hijo ya tiene la edad para decidir y no someterse al arbitrario dictado de su progenitor.

El padre manda, aunque no consigue imponer su voluntad, pero lo que es seguro es que no lidera. No ha hecho partícipe a su hijo de algo relativamente sencillo: para el padre la visita a la abuela, es decir, su madre (perdón por lo obvio) requiere que se vista con una determinada imagen. Presumiblemente, la abuela es bastante tradicional y a ella le gusta ver un determinado tipo de ropa. Si el padre liderara, probablemente el hijo estaría dispuesto a participar con placer de esa «pequeña mentira» y ponerse zapatos en vez de zapatillas, simplemente para darle gusto a su abuela.

El jefe, para ser líder, tiene que ser cómplice, y este papá no lo es.

Hay jefes que uno sabe que son líderes nada más verles. Son líderes en estado puro.

Esa percepción queda ratificada cuando se habla con alguno de sus subordinados y éste transmite que, gracias a su jefe, fue capaz de aportar lo mejor de sí mismo, incluso aquello que aún desconocía de su propia persona.

Escuchando a quien habla con pasión de su jefe, de su líder, uno descubre que el liderazgo está asentado en una serie de conceptos muy sencillos.

Liderazgo en estado puro
Christian Barrios[8]
Puesto: Presidente de *Software AG Sur de Europa*

He tenido la oportunidad de ver dos veces en mi vida a este líder en estado puro. Supe el primer día en el que le conocí que me encontraba delante de una persona que era capaz de sacar un rendimiento extraordinario de las personas que estaban a su cargo.

Llamé a una de ellas, que trabajó estrechamente con él durante cuatro años. Esta persona dice que su jefe la ha hecho sentirse motivada, útil y liderada:

> «*Hay dos palabras que me vienen a la cabeza cuando hablo de Christian: entusiasmo y lealtad.*
>
> *El entusiasmo que quedaba patente en su forma de expresarse, de emocionarse y apasionarse por las cosas que hacía. El mismo entusiasmo que contagiaba a los demás.*

8 Christian Barrios es uno de los clásicos del mundo de la informática en España. Ha sido Presidente de *Toshiba* (cuando esta marca lideraba el mercado de portátiles en nuestro país), de *Informix* y de *Software AG* que yo sepa. Hoy no sé qué está haciendo, pero seguro que algo interesante.

Y la lealtad con su equipo, participando y defendiéndolo hasta la muerte.»

Su forma de actuar como líder está basada en una serie de fundamentos básicos:

- **Claridad en los objetivos**. Cada una de las personas sabíamos lo que teníamos que hacer y cuál era nuestra meta. No necesariamente eran todos objetivos cuantitativos, otros muchos eran cualitativos, pero cada uno de ellos fácilmente contrastables, medibles.
- **Exigencia**. Lo que pedía era profesionalidad y responsabilidad, saber de la tarea para la que uno había sido contratado y ejercer el trabajo con compromiso.
- **Aportar las herramientas necesarias para el trabajo**. Christian sabía que para realizar una tarea es necesario tener los recursos para desempeñarla. Y él se convertía en el patrocinador necesario para que cada uno los pudiéramos tener.
- **Control y confianza**. Siempre está encima de la jugada para que todos sintamos su necesario aliento. Pero al mismo tiempo delegaba, generando una confianza extraordinaria en el equipo. Esa misma confianza se trasladaba a las personas que no dependían directamente de él, convirtiéndose en un aspecto cultural muy relevante en la organización. Consiguió, en definitiva, que el equipo se sintiera autosuficiente, sin que fuera necesario que el jefe estuviera presente en todas las decisiones.
- **Generosidad**. Él sabía valorar el esfuerzo de las personas que le acompañábamos, que éramos su equipo. Aquellos que merecieron una recompensa la recibieron con creces. Esa misma generosidad que él desprendía la recibía de personas de su equipo. Entendimos que nuestra función era adelantarnos a él, proponer iniciativas para seguir creciendo, mejorando.

Éste es el testimonio de una persona que se ha sentido productiva gracias a su jefe.

«Le estaré siempre agradecido, aprendí mucho gracias a él», son las palabras de un subordinado que definen al líder.

Una de las características esenciales del líder es su capacidad para crear un equipo. A diferencia de los jefes que no son líderes, el que lo es, consigue que el conjunto esté por encima de la individualidad y que cada una de las persona trabaje a gusto por los demás.

Hay muchos jefes pecadores a los que se les llena la boca enunciando que uno de sus objetivos es el teamwork (además lo dicen en inglés), pero poco hacen por conseguirlo, evaluarlo y controlarlo.

Cualquier persona con experiencia es capaz de diagnosticar en muy poco tiempo si el jefe ha sido capaz de construir un equipo o si, por el contrario, la empresa, el departamento, la familia son la suma de individualidades que velan por sus intereses particulares por delante del interés del grupo.

Aunque es un ejemplo manido, el equipo es como una orquesta que toca sin que ninguno de los componentes desentone con el resto y en el caso de que alguien lo haga, los demás acuden a socorrerle.

«No es mi triunfo, es el del equipo»
Protagonista: Joan Plaza
Puesto: entrenador del equipo de baloncesto del Real Madrid

El equipo del Real Madrid de baloncesto atravesaba una mala racha de resultados durante muchos años. Los sucesivos entrenadores que el club tuvo no consiguieron hacer un equipo del conjunto de estrellas que cada año llegaban al equipo. Así de fácil y así de difícil.

Alguien, no sé quién, tuvo la feliz idea de optar por encomendar la delicada tarea a alguien que no contaba con el «pedigrí» de entrenadores de antaño, pero al que no le faltaban ganas y compromiso, otras de las características necesarias en un jefe que sea líder.

Él es Joan Plaza, el que fuera segundo entrenador del Real Madrid, sin experiencia como entrenador de grandes equipos.

Era todo un desafío, un reto, una apuesta arriesgada para quien la tomara.

El Real Madrid acabó ganando la Liga, pero esto no es lo más importante que quiero contarle, aunque un buen resultado ayuda a mejorar la credibilidad de mi explicación.

Lo más significativo es lo que se respira detrás del televisor cuando se ve al equipo jugar, gane o pierda. Lo más trascendental es escuchar a los jugadores hablar cuando se les entrevista y prestar atención a lo que expresan y cómo lo hacen.

Detrás de todas estas percepciones, sugiero que hay un jefe que es un líder, su entrenador. Conseguir que la suma de jugadores se transforme en un equipo es, entre otras cosas, una cuestión de generosidad, la que hay que tener para ceder el paso al conjunto por delante de la propia persona. Dicho es fácil, cumplirlo es poco común y muy difícil. Mire a su alrededor y juzgue por Usted mismo.

El jugador que mereció el título de *MVP* (El jugador más valioso) de la final del *play off* fue Felipe Reyes, el capitán del Real Madrid, al que escuché mientras una periodista de *Televisión Española* le entrevistaba *(no es literal, es lo que se me quedó).* Su voz estaba entrecortada por la emoción y el cansancio, pero fue muy claro:

> —Ha sido el equipo quien ha conseguido esto. No hay nadie que esté delante de otro, hemos trabajado y jugado como un equipo. El trofeo del mejor jugador no es para mí, te lo juro, es para el equipo. Eso es lo que se ha conseguido este año, trabajar como un equipo.

No paraba de decir la palabra «equipo», en la que creía, en la que alguien le hizo creer.

Para que el jefe sea líder, ha de ser de naturaleza innovadora. De lo contrario, se convertirá en un obstáculo para los subordinados con mejores ideas, que acabarán por desmotivarse, migrando sus ideas a otros lugares que las acojan, y que no serán la empresa que les paga.

Innovador no significa trabajar en una industria pujante y moderna, es ser una persona con cierto aire rupturista que permite cuestionarse todo, incluso aquello que funciona bien y que no teme ser el primero en el mercado, adelantándose haciendo algo que nadie antes hizo.

Lo contrario al jefe del siguiente relato...

«No lo hace nadie de nuestra competencia»
Protagonista: Isabel García
Puesto: Directora de *Marketing*

Isabel es una persona a la que le gusta innovar. Sabe que parte del éxito de su trabajo es sorprender a los clientes, a sus compañeros empleados y, si pudiera ser también, a sus jefes.

Sabe que la sorpresa, el impacto más notorio, se consigue de actuaciones imprevisibles, únicas, que además cumplan con la condición de ser consistentes y coherentes. Si a Isabel le quitan la posibilidad de sorprender, le habrán vaciado, quitado su principal activo.

Cerca de los cuarenta años, Isabel llegó, por avatares de la vida, a una empresa relacionada con el mundo de la tecnología, sector del que lo desconocía todo. La casualidad la hizo sentarse en el despacho del Director General, al que le habían hablado de ella en una comida entre profesionales del sector. Tras ese primer encuentro, recibió sorpresivamente una oferta para ser la Directora de Marketing. Nunca había sido seleccionada de forma tan rápida y fortuita para desempeñar un puesto del que apenas tenía información. Aceptó, pues le venía bien un cambio de aires.

Durante la entrevista con el Director General, Isabel *vendió* bien su gran virtud: la capacidad para sorprender. El primer ejecutivo de la compañía *compró* esa característica, pues decía estar convencido de que eso es lo que hacía falta en el mercado: innovar, cambiar. Así se lo hizo saber a Isabel, a la que complacía conocer que su gran valor contaba con seguidores.

En los tres primeros meses tuvo que deglutir toda la información que recibía de los diferentes departamentos de la empresa para poder tener un escenario aproximado, y así poder tomar decisiones. Poco tiempo después, ya estaba preparada para realizar sus primeras sugerencias.

El Director General era la única persona a la que el conjunto de la organización hacía caso. Muchos de los miembros del Comité de Dirección eran jóvenes inexpertos y cada uno iba haciendo su guerra sin coordinación alguna con el resto de los departamentos. Isabel estaba algo inquieta y desmotivada con ese entorno, pero pensó que su capacidad y talento le permitirían ser un referente dentro de la empresa. Tendría que convencer al Director General. No debería ser difícil, ya que él ya le había manifestado su acuerdo con su visión del *marketing*.

Pronto entendió que su productividad estaría mermada, cercenada en esta empresa. Sólo fue necesaria una conversación.

—Ésta es la forma en la que sugiero que hagamos nuestra comunicación en Internet —le exponía Isabel al Director General y a un Director de Producto.

—¿Y es necesario que hagamos todo? —preguntó el Director General.

—Sí. De lo contrario, lo que os expongo no tiene ningún sentido. Sería mejor quedarnos como estamos, que es otra opción —contestó Isabel.

—No entiendo por qué lo tenemos que hacer. Me parece una muy buena idea, pero nadie lo hace, ninguno de los players[9] del mercado hacen lo que propones. ¿Por qué nosotros sí? —se cuestionaba el Director General.

—Precisamente por eso, porque es una buena idea y nadie la hace —argumentaba Isabel con cierto cansancio por tener que argumentar lo obvio.

Sólo su terquedad permitió que se aprobara la acción. Nadie la apoyó, más bien todo lo contrario. A Isabel le quedaron muy pocas ganas de proponer más acciones que sorprendieran. Inevitablemente, no habrían sido realizadas por la competencia, los otros *players*, siguiendo el vocabulario de su jefe, se decía así misma con cierta ironía.

9 Los amigos de decir todo en inglés —aunque se pueda decir en castellano— llaman así a las empresas que están en el mercado, en este caso a los competidores.

Conclusiones
Segundo pecado capital: el jefe manda, pero no lidera.

Que un jefe mande es lo natural, pero no es tan natural que un jefe lidere. Y hay grandísimas diferencias entre mandar (dar una orden) y liderar (lograr que los demás participen y compartan la visión del líder).

Las empresas del conocimiento, las únicas que tienen visos de sobrevivir a la competencia asiática, necesitan de personas que hagan que el principal activo – el conocimiento – sea motivado, coordinado, dirigido y liderado para que este intangible sea productivo.

Liderar es conducir al equipo y hacerlo como un buen conductor lo haría. Coordinado para la convivencia con otros conductores, aprovechando los recursos del vehículo pero sin poner en peligro la supervivencia de los ocupantes.

El líder practica una actitud basada en la generosidad, que le permitirá aprovechar mejor los recursos que tiene a su disposición.

El líder necesita tener capacidad de adaptación y saber que su participación en la organización que lidera tiene que estar moldeada a la situación existente.

El líder debe ser innovador, arriesgado, audaz, y no ser predecible, para así alentar a los suyos con nuevas ideas que hagan que la tarea sea más emocionante, poco rutinaria, diferente.

El líder debe saber rodearse de las personas adecuadas, sin temor a que nadie pueda asaltar su puesto.

El líder debe saber comunicar, que no es hablar. Comunicar es conseguir trasladar, impregnar, manchar con el mensaje los cerebros y los corazones de las personas.

El líder necesita cultivar su carisma, que se construye con trabajo diario, y no basará su pretendido liderazgo únicamente en el don innato de la brillantez y locuacidad verbal en que muchos jefes se refugian para no decir nada concreto.

Existen notables diferencias entre mandar y liderar, y los propios jefes, al describir su trabajo, dejan entrever qué son: mandones o líderes.

Los directivos que sólo mandan describen su trabajo de la siguiente manera[10]:

- Decirle a mis empleados lo que tiene que hacer y velar por su cumplimiento.
- Hacer cumplir las normas de la empresa y coordinar con otros directivos.
- Crear valor para el accionista a través del buen trabajo.
- Lograr un equipo cohesionado, fiel y que trabaje a destajo.
- Es duro ser jefe, el empleado siempre te ve como su enemigo.
- Tú tienes que lograr hacerle partícipe de los intereses de la empresa, que, en definitiva, son sus intereses.

Los directivos que lideran describen, en cambio, su trabajo de la siguiente forma:

- Aprovechar los recursos que tengo a mi disposición para producir más y mejor.
- Crear valor para los clientes y los empleados es mi objetivo, dado que es el único camino para crear valor para el accionista.
- Procurar que nuestro equipo haga bien las cosas.
- Aceptar cuestionarlo todo, incluso aquello que se supone que nos da muy buenos resultados y que llevamos haciéndolo mucho tiempo.
- En función de cómo esté de motivado y organizado el equipo, el rendimiento varía extraordinariamente.
- No se trata tanto de quiénes forman el equipo, sino de si el equipo está conjuntado debidamente.

10 N. A.: se trata de testimonios reales.

Esta última reflexión de un directivo con gran predicamento entre sus empleados es ahora comúnmente utilizada en muchos cursos de formación relacionados con el liderazgo y a menudo haciendo una analogía con los equipos de fútbol. Es indudable que el talento es necesario para formar un buen equipo, pero lo es tanto como la capacidad de coordinar ese talento de forma apropiada para que cada uno de los integrantes se sienta útil. Plantillas de fútbol o baloncesto que objetivamente son más poderosas que otras no son capaces de sacarle el jugo necesario al saber hacer de cada una de las individualidades y tropiezan con frecuencia con rivales que producen al 100% de su capacidad productiva, mientras ellos no saben cómo conjuntarse para sacar lo mejor de sí mismos.

A modo de ejemplo, a mi juicio, Louis Van Gaal[11] es un jefe que manda y Vicente del Bosque[12] es uno que lidera.

Así, el líder busca personas para su equipo que sepan conjuntarse bien con los demás, sin que esto deba significar que todos deben estar «cortados por el mismo patrón». Bien al contrario, el líder gusta de la heterogeneidad y del riesgo que, aparentemente, conlleva juntar personalidades de diferente características pero que sabe que van a proporcionar una riqueza que puede convertirse en una capacidad competitiva diferencial.

El jefe que sólo manda se presenta como virtuoso de conseguir que las personas que dependen (horrible, patético verbo) de él o de ella hagan lo que ordena.

El jefe que sólo manda podrá, por tanto, ir de una organización a otra y dar órdenes sin necesidad de adaptar su estilo ni contenido al entorno. Posiblemente, reciba instrucciones de un

11 Louis Van Gaal fue entrenador del F.C. Barcelona. Creo que los aficionados le recordamos como un mandón, algo prepotente, que nos hacía mucha gracia por sus extemporaneidades verbales. Me da mal rollo. No me gustaría ser su subordinado.

12 Vicente del Bosque fue entrenador del Real Madrid en la misma época que Van Gaal lo fue del Barcelona. Daba la impresión de que su equipo estaba cohesionado, aunque, a juicio de quien le echó, debió faltarle carisma (no sé bien lo que entendería Florentino Pérez por carisma). Me da buen rollo. Me gustaría ser su subordinado.

superior y simplemente se limite a transmitir la voluntad del súper jefe.

Asimilándolo en el terreno de la vida familiar, el padre o la madre que manda y no lidera se encuentra a menudo confundido por encontrarse con hijos que han recibido órdenes exactamente iguales pero que, en cambio, su desempeño es muy diferente. De ahí que muchos padres utilicen, como argumento defensivo sobre su propia valoración en relación a su labor educativa, el hecho de que un hijo «les haya salido bien y otro muy malo, y eso que les dimos la misma educación».

La madre o el padre líder adapta su educación, que no los valores, a las características de su hijo que, por genética, entorno, o a saber por qué misterio, hacen que un hijo necesite un liderazgo diferente que otro.

Es algo parecido a un mismo discurso o presentación, que no necesariamente funciona igual en un grupo que en otro. Si el profesor, el presentador no saben adaptarse a las características de su auditorio, es posible que acabe siendo una persona acompañando a un documento. La calidad del documento es, en este caso, una condición necesaria para conseguir que la audiencia esté receptiva, que valore positivamente la exposición, pero no será una condición suficiente.

El líder es camaleónico, porque, una vez en la empresa, se adapta aunque sea parcialmente a su cultura organizativa, y analiza los recursos con los que cuenta para conseguir lo mejor de ellos.

Ser líder, en definitiva, exige pensar y trabajar duro, y sobretodo, tener mucho sentido común.

Síntomas del jefe que no lidera:

- Le cuesta que las personas que forman parte de su equipo le entiendan.
- O puede ser que le entiendan, pero no le hacen caso.
- No sabe decir las cosas a la cara y aplaza las conversaciones que exigen comunicar una recomendación, una orden.
- Entiende que son los demás los que deben adaptarse a él, nunca al revés.
- Cree que la lucha interna entre compañeros es fuente de riqueza.
- Hay mal rollo entre personas de su equipo.
- ¿Por qué hacerlo si los demás no lo hacen?, se pregunta.
- Le da la impresión de que las personas que tiene a su cargo podrían hacer más, pero no les da la gana.
- Considera que en su equipo hay muchas personas poco corporativas (que piensan poco en la empresa).

Algunas sugerencias para el jefe que no lidera:

- Debe asumir primero su condición de líder. No se trata de un derecho derivado de su condición de jefe (ése es mandar), sino de un deber.
- Su condición de líder lleva implícito comunicar de forma continuada y sincera. En el caso contrario, su equipo no le entenderá. Comunique siempre, aunque sean asuntos desagradables.
- Practique continuamente el arte de comunicar en cualquiera de sus formas. El cómo se comunica puede potenciar o devaluar el qué se comunica.
- Adáptese a su entorno en el objetivo de conseguir lo que quiere. Será mucho más fácil alcanzarlo.
- No se quede quieto, innove. Una de sus obligaciones es progresar, evolucionar, y esa meta sólo se consigue modificando, ajustando, cambiando y, cuando sea necesario, revolucionando.

- No permita que nadie (absolutamente nadie) eche por tierra sus buenas ideas o las de alguien de su equipo con frases como «Ya lo hemos probado y no va a ser posible», «No hay nadie que lo haga, ¿por qué nosotros?»
- Fomente que las personas que forman el equipo colaboren.
- Sea muy autocrítico consigo mismo y aprenda a encajar bien las críticas.
- Sea muy exigente con su equipo.
- Motive a sus subordinados para que aporten nuevas ideas y nunca califique éstas como «una tontería».
- Piense en las personas que dirige como si fueran una orquesta. Piense en el *instrumento* que cada uno debe tocar y proporcione todo lo que física y emocionalmente sea necesario para que la *música* suene bien.
- Su éxito como líder será el éxito del equipo que lidera. Haga que las personas que forman su equipo sientan sus objetivos como suyos y no ceje en este empeño.

Tercer pecado capital

El jefe es un prepotente
(lo cual, a menudo, coincide con que el jefe no es muy educado, no es muy humano o no es muy honrado)

... y sus ojos clarísimos reflejaron, un instante, el orgullo por esa efímera confirmación del poder que ejercía sobre hombres y edificios.
Giuseppe Tomasi di Lampedusa
El Gatopardo

Nosotros mismos somos nuestro peor enemigo. Nada puede destruir a la Humanidad, salvo la Humanidad misma
Pierre Teilhard de Chardin

Que el jefe sea prepotente es un pecado capital muy grave. Es malo para las personas que le rodean, no es conveniente para la organización en la que dirige y habla muy mal de él como persona.

El jefe es prepotente porque ha desarrollado su autoestima de una forma excesiva. Cree que las personas como él son diferentes a las demás, la gran mayoría, y que éstas no merecen su tiempo y cariño.

El jefe prepotente ve las cosas claras, el resto no. El jefe prepotente es insustituible, el resto no. Él tiene derecho a todo, el resto no. ¡Que se jodan!

¿No había ninguna foto mejor?
Protagonista: Arturo Fernández
Puesto: Presidente no ejecutivo

Este señor, de nombre ficticio, como todos los relatos que expongo donde el protagonista sale mal parado, es el Presidente de una empresa que cotiza en el Nasdaq.

El suceso que a continuación narro le define como un jefe pecador por prepotente.

Este hombre tiene la suerte de ser muy rico en dinero, pero en cambio, Dios no ha considerado dotarle de belleza, ni de un metabolismo a prueba de calorías. Seguro que, más que de Dios, se trata de un asunto genético, como nos pasa a la mayoría de los mortales que heredamos muchos rasgos físicos de nuestros predecesores.

Como consecuencia de la importancia de su cargo, sale con frecuencia en los medios de comunicación y a menudo la noticia relacionada con su compañía viene ilustrada por una fotografía.

En esta compañía, existe un Director de Imagen, el encargado de establecer el contacto con la prensa. El Director de Imagen es un profesional de acreditado prestigio que vio su vida cambiada cuando nuestro protagonista Presidente accedió a su cargo. Tuvo que soportar, y sigue soportando, la displicencia y mala educación de su jefe, el nulo entendimiento que tiene con la prensa y, literalmente, su único interés en salir bien en la foto.

En una ocasión, Fernández, el Presidente, tuvo la desfachatez de enviarle en un sobre cerrado un recorte de prensa al mencionado Director de Imagen. En ese recorte de prensa, el titular y el desarrollo de la noticia eran muy favorables a la empresa y, como más tarde pude saber, fue gracias a la buena gestión del Director.

Esta noticia, a página completa, en un periódico de difusión nacional venía ilustrada con una fotografía del Presidente, tomada por un fotógrafo del periódico durante la última Junta de accionistas. En esta foto, el Presidente salía como es: feo y gordo, muy gordo (más de 150 kilos, aproximadamente, y 1,79 de estatura).

Verse en la foto tal y como era – muy gordo y feo – le debía suponer un mal trago. Supongo que él se sentía y veía en su espejo mucho más favorecido que lo que es en la realidad.

El Presidente, más preocupado por su foto que por la noticia de la empresa, le envió un sobre cerrado al Director de Imagen con el artículo del periódico y la foto rodeada de un círculo a bolígrafo que llevaba con una flecha al siguiente «comentario» y pregunta:

> –¡Joder!, ¿no había ninguna foto peor?

El Director de Imagen sabe que su jefe es el que manda, ahora no sabe a qué debe dedicarse: si a sacar a su Presidente guapo – lo cual es prácticamente imposible a no ser de retocar su imagen hasta hacerle irreconocible –, o bien a pensar en cómo la empresa que le emplea sea bien tratada por los medios de comunicación y que esto tenga una repercusión en la imagen que los ciudadanos tienen de la empresa.

Detalles como éste son de una naturaleza inequívoca tal que califican al jefe como uno prepotente que considera que el mundo y la empresa deben girar en torno a él y no alrededor y en beneficio de clientes, empleados y accionistas.

Aunque aparentemente la normalidad es lo que debiera pasar desapercibida, algunas veces no lo es, bien al contrario es lo que más resalta a ojos de terceros.

«Lo que más agradezco es que sea normal» Protagonistas: María, José Luis, Miguel, Lucía, Julián, Agustín, Carlos, Margarita,... Puesto: jefes

Los nombres de los personajes de este relato pertenecen a jefes de personas que conozco. Y cada una de estas personas me han dicho que lo que más agradecen de su jefe es que sea normal.

—¿A qué te refieres? —pregunto a uno de mis conocidos.

—Tú ya sabes cómo son los jefes —me contesta.

—¿Cómo son? —me intereso.

—La mayoría de los que yo he tenido son engreídos, poco humanos, con falta de tacto y de educación. La mayoría son unos prepotentes.- sentencia calificando así a los jefes, fruto de sus malas experiencias.

—Está visto que no has tenido suerte con tus jefes. Al menos, has encontrado el que ahora tienes que, como tú dices, es normal —sugiero, convencido de que la mayoría de los jefes no son como él me dice.

Lo cierto es que, como ocurre en muchos órdenes de la vida, las personas que hacen daño nos hacen a veces ser injustos y calificar al grupo al que pertenecen de una forma general. En todos los colectivos hay personas que actúan perjudicando al entorno con el que se relacionan: clientes, proveedores y, por supuesto, empleados. El éxito y la felicidad están del lado de aquellos que son capaces de construir relaciones duraderas, estables y productivas.

El jefe prepotente es un ser destructivo. El jefe normal, del que me hablan mis conocidos, es una persona que sabe que construir, edificar una relación con los demás, es parte fundamental de su trabajo y que el respeto al prójimo es en lo que se basa el trato entre personas.

La frase repetida por tantas personas «lo que más agradezco es que sea un tipo normal», refiriéndose a su jefe, tiene implícita una sentencia nada favorable contra aquellos que no fueron tipos normales, que sufrieron algún tipo de enajenación mental que les hizo parecer, según algunos que les rodeaban, personas anormales y perjudiciales.

He visto, seguramente como Usted, muchos de esos jefes a los que sus subordinados no consideran normales. He visto reacciones vergonzantes de jefes que quieren demostrar delante de terceros (en algunos casos yo era uno de los espectadores) que son ellos los que mandan y dominan a las personas que están a su cargo.

Al último jefe con el que me he tropezado, al que no consideraría normal por prepotente, le escuché decir a su subordinada en mi presencia:

–Antes de abrir la boquita, lo piensas un poquito, ¿vale?

El motivo de tan *cariñosa* recomendación era que la subordinada había emitido una opinión que no le gustaba al jefe.

Dos horas más tarde la reunión acabó. Durante nuestro encuentro, me costó mucho explicar algo que a mí me parecía razonablemente sencillo, pero este jefe no entendía. Uno de los subordinados bajó con mi compañera y conmigo en el ascensor, y nos dijo con cierta hilaridad: *«No entiendo por qué no lo entendían. Es bien fácil»*. A veces, el ser prepotente lo es porque construye un mecanismo de defensa para evitar que nadie discuta su poder.

El jefe debe velar por el correcto funcionamiento de su organización. La convivencia entre personas no es un asunto fácil y el jefe debe ser el garante de que las normas básicas de educación y honradez se cumplan entre quienes están a su cargo.

Para lograr que esto ocurra, lo primero que debe cundir es el ejemplo del jefe. Es curioso observar el mimetismo que los humanos sufrimos con respecto a personas que consideramos superiores, y el jefe es frecuentemente una de ellas.

Hay empresas, departamentos y familias que son poco higiénicas (huelen mal), desprecian la imagen que dan a través de los empleados (con su apariencia y vestimenta), o hablan de una determinada forma (palabras malsonantes) porque imitan a su jefe.

«Pero ¿qué esperabas?»
Protagonista: los Guardiola
Puesto: padres dimitidos

Debo confesarle que una de las cosas que peor llevo es un niño maleducado. Incluso puedo llegar a ser injusto en el trato con el niño, dado que me comporto de una forma menos que cariñosa con él, a pesar de que sé que, más que probablemente, el pobre niño o niña sean víctimas de la emulación de sus padres, que, obviamente, son unos maleducados.

Si como a mí y a otras muchas personas, a Usted también le molestan los niños maleducados, sea compasivo con ellos, ayúdeles, que yo también intentaré corregir este defecto que acabo de comentarle. Seguro que tiene en su entorno algunos casos como el que a continuación les describo. No creo que nada de lo que le cuento le vaya a sorprender, es una historia repetida demasiadas veces.

Nuestra protagonista es una madre que quiere muchísimo a sus tres hijos. Tiene una gran capacidad de sacrificarse por ellos y en ellos piensa constantemente. Son su primera preocupación. Pero sus hijos son un desastre en su relación con los demás, y creo no equivocarme si digo que encontrarán muchas más complicaciones de las necesarias para labrarse un camino en el difícil y bello tránsito que es la vida. Esta dificultad para relacionarse con los demás viene derivada de su escasa educación.

Ana es quien «lleva los pantalones» en la casa de los Guardiola. Su marido, Segismundo, Segis para todos, es un buen hombre que da su vida por conseguir que su mujer sea feliz. Dudo mucho que sea un hombre enamorado, pero es tan buena persona que interpreta ese papel a la perfección. Tanto para Segis como para Ana, sus hijos son lo más importante de su vida. Ambos achacan de forma más que infantil que las escasas habilidades de sus hijos (con los estudios, con los deportes, con la cultura, e incluso con su forma de alimentarse) son consecuencia directa de la herencia genética. «Claro, no le gusta estudiar, como Ana y a mí», es capaz de manifestar Segis hasta delante de sus hijos.

Ana utiliza con mucha frecuencia palabras malsonantes (cabrón, hijo puta, mierda, gilipollas) para enfatizar algo que imagino que le resulta difícil de hacer con otras palabras.

Ana no tiene capacidad alguna para ponerse en el lugar de los demás. No tiene ninguna alteridad o empatía. Delante de sus hijos critica a los demás con una facilidad pasmosa, y jamás la he escuchado autocriticarse.

A lo que ya les he contado se añade la continua presencia de la televisión encendida a todas horas, pongan lo que pongan. Los padres, recostados en el sofá, viendo durante horas la tele como si de un esfuerzo se tratara, mientras toman la lección a algunos de los niños, es algo habitual en esta casa.

En este escenario, ya pueden imaginar a los niños. Son unos malcriados: cualquier esfuerzo *es un rollo*, los demás tienen ventajas que ellos no tienen, el mundo está mal y la gente es mala. Y todo eso, simplemente, es mala educación.

El panorama es, a mi juicio, desolador. Los jefes, en este caso los padres, están dimitidos. Si se pararan un momento a analizar lo que hacen, seguro que estarían en desacuerdo con ellos mismos. Creo que han caído en el síndrome del adicto al tabaco o al alcohol, que sabe sobradamente que está mal, pero que no hace nada por solucionarlo. Cada día que pasa la situación será peor y nadie podrá echarles. Los padres son jefes de por vida, y este papel hay que tomárselo muy, muy en serio.

Una reunión que los padres mantuvieron en el colegio quizás sirva como punto de inflexión en la jefatura de estos padres. Asombrados, escuchaban al tutor de uno de sus hijos que les relataba sus sensaciones:

—Tenemos problemas con él. Creemos que es un chico inteligente, pero que no quiere luchar. Cree que todo debe venirle dado. Les pido que sean exigentes con él, quizás todavía no hayan perdido la guerra, aunque me da la impresión de que él les lleva muchas batallas ganadas.

—¿Y cómo podemos hacerlo? —preguntan preocupados los padres.

—Ejerciendo de jefes y convirtiendo a su hijo de un ser prepotente y maleducado, como lo es en la actualidad, en otro generoso en el esfuerzo y educado. Y son Ustedes quienes deben dar ejemplo. Su vocabulario es extremadamente soez e incorrecto y no son capaces de admirar el trabajo de los demás. Da la impresión de que sólo les importa el dinero que puedan conseguir cuando sean mayores, y en cambio, les asusta tener que trabajar. ¿Les suena lo que les estoy diciendo? —preguntó el sabio profesor a los padres.

El jefe dirige a personas, que son recursos que, organizados debidamente, son capaces de producir.

El jefe dirige a personas. Las personas tenemos sentimientos, inseguridades y reacciones humanas.

El jefe debe dirigir esos sentimientos, inseguridades y reacciones humanas.

De lo contrario, su paso por este efímero mundo habrá sido desaprovechado por simple falta de humanidad.

«No me lo vuelvas a decir»
Protagonista: Joaquín González
Puesto: Director Gerente de un medio de comunicación

Joaquín González alcanzó el puesto de Gerente de un importante medio de comunicación a una edad muy temprana.
Sus habilidades con los números y su frío carácter le granjearon simultáneamente la simpatía de su jefe, el Director General, y el respeto y temor de sus subordinados.

Yo era uno de sus subordinados. Tenía veintiséis años y asumía mi primera experiencia directiva con un número considerable de personas a mi cargo, veintitrés. Mi responsabilidad abarcaba la venta de cuatro productos diferentes. Cuando Joaquín me hizo saber que me confiaba este puesto, le dije que le informaría rápidamente sobre algunas de las decisiones que quería tomar. Una semana y media después le dije los nombres de las personas que iban a ocupar la jefatura de cada uno de los productos, lo que suponía, a su vez, que un empleado debía ser despedido.

El empleado que yo recomendaba que fuera despedido, Antonio, había hecho un mal trabajo en su puesto de Jefe de Producto. Era uno de esos jefes que no quieren mandar (pecado capital 1) y, además, atendía frecuentemente y con demasiado descaro asuntos personales que le reportaban algún beneficio.

Despedir a una persona era para mí un asunto nuevo, muy relevante y que afectaba a mi conciencia. Si con el paso de los años tener que prescindir de una persona siempre es un asunto grave e importante, esta primera vez lo fue más. Por ello, cuando enumeré las decisiones que había tomado, comenté con mi jefe: «Debemos prescindir de Antonio, está haciendo un desastroso trabajo. Pero me da pena, más cuando pienso que tiene una hija pequeña». Mi jefe, entonces, pidió que se lo repitiera. Así lo hice.

La reacción de mi jefe fue violenta. Me lanzó una mirada fulminante y me dijo, en un tono abrupto, inhumano, con falta de cariño: «No me vuelvas a repetir eso jamás. ¿Lo has entendido?». Contesté, obviamente, que sí.

Yo sólo esperaba unas palabras de un jefe que se solidarizara con el mal rato que estaba pasando. Sabía que era necesario echar a Antonio, nadie me lo había pedido. Es más, Antonio (Jefe de Producto) llevaba más de dos años trabajando en su puesto haciendo que el equipo fuera improductivo.

Sólo pedía unas palabras, algo de humanidad. Por ejemplo: «Leo, entiendo que no es un trago agradable. Si has tomado esta decisión imagino que será beneficioso para el resto del equipo y, quizás, también para él. Esta situación no podría mantenerse permanentemente».

Joaquín consiguió con el paso de los años que su falta de tacto y humanidad disminuyeran. Durante muchos años creyó que no saludar, ni agradecer el esfuerzo de quienes le acompañaban y ser distante y displicente eran síntomas de una dirección enérgica. Muchos de los que le admiraban, le copiaron e hicieron lo mismo con las personas que dependían (qué horrible y patética palabra) de ellos. Así pues, fue un generador de una cultura áspera, ineducada, y fabricó a su alrededor a muchos temerosos e infelices.

Joaquín tiene una buena coartada que, de alguna manera, le justifica: su jefe, el del siguiente caso, era de la misma escuela.

Ser el que manda en una organización es una responsabilidad que conlleva determinados tipos de comportamiento.

Hay muchos, muchísimos corruptos, gente poco honrada en la empresa, que quiere atajar hacia el camino de la riqueza, robándole a su propia empresa.

Como casi todos los ladrones, no se sienten como tales y se explican de manera zafia y burda.

Aquel que le pide una comisión al proveedor explica que a su empresa le da igual, él le está sacando el dinero al que vende.

Aquel que roba a su empresa dice que no lo van a notar a final de año, que ya ganan una pasta y que para qué quieren más.

Otros se justifican por el poco dinero que cobran o dicen de forma eufemística «Tengo mis cositas, como todos».

He sido, en numerosas veces, invitado a participar de estas corruptelas. Todavía no he aceptado ninguna y he denunciado —a mis superiores— algunas. Los corruptos tienen una vida demasiado larga desde el momento en el que son detectados, como si tener un empleado corrupto fuera una enfermedad congénita de la que uno no se pudiera desprender. Esta longevidad en los corruptos anima a otros —es normal— que ven que robar es gratis y que se vive mejor con más dinero que con menos.

Algunos corruptos, para colmo de su osadía, son además muy prepotentes e injustos. Son capaces de criticar a otros que roban pero que, a su particular y no comprensible juicio, no es comparable con lo que ellos hacen.

¡Abajo los ladrones! ¡A por ellos!

«Yo quiero tener un barco como tú»
Jaume García
Puesto: Director Comercial

Esta es una historia real, como todas las que aquí les cuento. Simplemente, cambio el nombre de las personas, para así evitar tener que acudir a muchos juzgados y para velar por mi integridad física.

Historias muy similares a la que a continuación les narro han sido vividas por muchos de los lectores de este libro y también, desafortunadamente, por mí, en varias ocasiones.

Es la triste historia de los deshonestos, corruptos. ¡Qué grandes cabrones! (mil perdones).

Jaume era el Director Comercial de una televisión. Tenía un equipo de más de veinte personas en plantilla y alrededor de otras treinta que le prestaban servicio desde dos empresas subcontratadas. Su objetivo era vender espacios para que la publicidad de los anunciantes fuera emitida en los canales de televisión para los que él trabajaba.

Jaume nunca podrá ser un buen jefe. Para ser buen jefe, hay que, necesariamente, aceptar las reglas más elementales del juego de la convivencia, aunque cumplir con ello no sea condición suficiente para ser un buen líder. Jaume era un mal bicho, poco educado, nada humano, deshonesto y muy ladrón.

Las personas que dependían (qué horrible y patético verbo) de él sabían que «no era trigo limpio». Cualquiera de las personas que tenía a Jaume como jefe sabía que él atendería a sus intereses particulares antes que a cualquier otro asunto. Esos empleados de esa televisión siempre tuvieron la duda de saber si este directivo estaba a su vez secundado y patrocinado por sus superiores. Era realmente difícil de creer que nadie se diera cuenta del daño que estaba haciendo a la empresa y a las personas.

Jaume quería ser rico, tener grandes posesiones, poder hacer lo mismo que aquellos que habían cosechado éxitos profesionales aparejados a grandes ganancias económicas. Pero él era un vulgar director comercial de una televisión pública. Por tanto, su salario era el de un funcionario, a pesar de estar en otro convenio y participar en negociaciones con importantes cantidades de dinero. Jaume, fuera como fuera, no podía dejar pasar la oportunidad de ganar mucho dinero.

Comíamos con frecuencia con él. A mi jefe que era uno de los ricos a los que Jaume quería parecerse, le gustaba contar sus aventuras y muchas de ellas estaban relacionadas con su principal afición, el mar. Tenía un barco que, como ocurre a gran parte de los propietarios de barcos, era uno de los principales contenidos de sus conversaciones. Jaume quería ser rico. Quería un barco y lo dijo, lo manifestó en una comida: «Yo quiero tener un barco como tú». Mi jefe y yo nos miramos. Sabíamos a que se refería.

No fue mucho tiempo después, quizás un par de meses más tarde, cuando Jaume me llamó. «Estaré esta tarde en Madrid y, si te parece bien, podríamos vernos», me lo dijo en un tono inhabitualmente amable. Yo sabía a lo que venía. Unos meses más tarde nuestro contrato terminaba y él quería asegurarse que obtendría su tajada. Así fue.

Jaume ha sido noticia porque ha hecho negocios irregulares. Si supieran su nombre y lo buscaran en *Google*, encontrarían que las noticias relacionadas con su persona están vinculadas a sus trapos sucios. Sus empleados y sus colaboradores tienen un mal recuerdo de él. Jaume no puede ser nunca un buen jefe y, probablemente, nunca será una buena persona.

Látigo, cariño y dinero
Protagonista: cultura de una de las empresas del *IBEX 35*
Efecto: contagioso

Según me cuentan, en esta gran empresa hay una leyenda que dice que el Consejero Delegado cree que la combinación perfecta para liderar es «látigo, cariño y dinero».

Sé sobre esta leyenda gracias a algunos jefes intermedios de esta empresa que han tomado este *slogan* como propio y se ejercitan en la tarea de aplicar el látigo, el cariño y el dinero a su discreción, al menos en las dos primeras partes, dado que, frecuentemente, no tienen capacidad para decidir sobre la retribución de las personas que tienen a su cargo.

De los directivos que conozco que trabajan en esta empresa les puedo asegurar que el látigo es bastante frecuente, el cariño se considera una debilidad y, cuando el dinero aflora, es para retener a alguien que anuncia que tiene una oferta de otra empresa y que, por ese mero hecho, adquiere una importancia que, por lo general, su jefe no le había concedido hasta el momento.

No conozco al Consejero Delegado de esta empresa y supuesto autor de la frase, pero sí conozco a personas que dependen directamente de él y he podido observar que ellos son víctimas del látigo. Desconozco cuánto cariño han recibido de su jefe. He tenido la suerte de presenciar cuatro llamadas del Consejero Delegado a cuatro diferentes directivos (cualquiera de ellos cobra por encima de 200.000 € anuales). Estas llamadas se han producido con una distancia de meses entre ellas, pero juntas ofrecen una sintomatología relacionada con la aplicación del látigo, sin cariño en el conjunto de la empresa.

Las cuatro personas que recibieron la llamada del Consejero Delegado cambiaron su semblante y adoptaron un tono nervioso. Tres de ellos optaron por levantarse de la mesa, incluso uno, de la mesa del restaurante. Daba la impresión de que con ese gesto aliviaban la tensión y se ponían figurativamente a la orden del emisor de la llamada. Uno de ellos tuvo que cancelar, en una conversación que duró menos de treinta segundos, el plan que tenía para ese día y que incluía un viaje en avión por motivos de trabajo. No se atrevió a explicarle nada, simplemente estaba en un estado próximo al pánico.

Quizás no me hubiera acordado de lo que hasta ahora les he contado de esta empresa y de su Consejero Delegado si no fuera porque tengo un amigo trabajando ahora en esta misma organización pero muy alejado de cualquier posible roce con el primer ejecutivo, dado que mi amigo es un comercial sin opción posible a entablar conversación con tan alta jerarquía.

Mi amigo trabaja a las órdenes de un Director Comercial que ha sido inoculado, contagiado de la cultura del látigo, y presencia el espectáculo con horror.

—No sabes los gritos que pegaba. Tenía el despacho con la puerta cerrada, pero los gritos se oían desde fuera, estaba fuera de sí —me relataba un episodio en el que su jefe echaba una monumental bronca a otros compañeros.

—¿Qué les decía? —le inquirí.

—No sé, no quise ni prestar atención. Sentía vergüenza ajena —me respondió mi amigo.

—¿Después hablaste con él? —le volví a preguntar.

—Sí, se me acercó alrededor de una hora más tarde y me dijo «ya sabes, látigo, cariño y dinero. Hoy tocaba látigo», todo dicho con un aire de autoridad y suficiencia que me permitió diagnosticar con certeza el estado avanzado del contagio.

El jefe es el primero que debe dar ejemplo. Lo contrario es poco edificante, desmotivador e injusto. Quien sabe que debe ser ejemplo de los demás actúa en consecuencia y se siente obligado a cumplir una tarea más de las que tiene implícito el ser jefe.

Al igual que ocurre con los padres, si el jefe en la empresa no cultiva el ejemplo y hace lo contrario de lo que exige, entrará en una contradicción tan palpable que se encontrará con un resultado no deseado.

El jefe que quiere que sus subordinados produzcan más sabe gestionar su autoridad con generosidad y creatividad.

«De aquí no nos vamos»
Protagonista: Félix Muñoz[13]
Puesto: Director de Comunicación de *Coca-Cola*

Una vez escuché decir a un conocido, que a la sazón era Director de la delegación de su empresa en Barcelona, que «Me da mucha rabia que, cuando yo llego a la oficina por la mañana, no esté todo el mundo en su puesto de trabajo».

¡Qué tipo más repugnante!, pensé, a pesar de tenerle cierta estima personal. Esa afirmación me hizo pensar que este conocido aspiraba a ejercer su poder marcial desde primera hora de la mañana, y me podía imaginar a uno de sus subordinados llegando tarde, con gran preocupación y suspirando con cierto alivio, si este mal jefe se había retrasado, por la razón que fuere, ese día en concreto.

Hay cada vez más empresas que se preocupan por ayudar a sus empleados a conciliar los territorios profesionales y personales

13 Félix Muñoz es un buen y querido conocido que en su día fue Director de Comunicación de *Coca-Cola*. Con su necesaria participación, se han realizado muchos de los mejores *spots* y estrategias de comunicación de la famosa marca de refrescos. Ahora Félix es Director General de Servicios de *Marketing* de *Movistar,* donde sigue cosechando muchos triunfos profesionales. Él fue quien me dio la información que da pie a este relato.

de su vida. Creo que esas empresas están ayudando a fabricar un mundo mejor y a tener y retener a los mejores profesionales.

Hay empresas con buenos jefes que, además de ayudar a sus empleados a mejorar su productividad haciéndoles más provechosos en su vida profesional y personal, hacen que sean los propios jefes los que sean los garantes de que esto ocurra. Y, para ello, organizan las cosas para que sucedan tal y como están planeadas.

Esto es lo que pasa en *Coca-Cola* un viernes a las 13.30.

Todos los empleados deben empezar su fin de semana pronto, para que este período de descanso sea un verdadero revulsivo para volver con fuerzas el lunes, y son los propios directivos los que tienen que garantizar que esto ocurra.

Para tal fin, cada Director de Departamento debe quedarse hasta que el personal se haya ido. Es una forma de asegurarse que las mentes empiezan a airearse desde la hora convenida.

Félix Muñoz al frente de un área clave dentro de Coca Cola se aseguraba, además, que esos viernes fueran muy productivos. Todas las personas que estaban a su cargo sabían que el viernes había que aprovechar esas horas mejor que nunca, como en un *sprint* final que conducía a un premio que comenzaba con un fin de semana tempranero, una ventaja que a todos complacía y que se convertía en una más para que el talento no migrara a otra parte. Y es que, como les decía al principio del libro, la productividad es cosa de hombres (de seres humanos).

En *Coca-Cola* se llegó incluso a cerrar el comedor los viernes. Era una forma de retar al personal a hacer las cosas a tiempo y desafiar la inteligencia que todos tenemos para que se produjera más en menos tiempo, sin necesidad de utilizar el tiempo que la empresa creía que las personas necesitaban para que su mente fuera más creativa y lúcida cuando el lunes volvieran a la oficina.

Un signo, un hecho que revele que una persona muy importante y poderosa es normal y corriente, puede resultar excéntrico.

Resulta paradójica esa percepción de excentricidad por un comportamiento normal. Pero de alguien del que se espera tanto por ser quien es, nos resulta sorprendente que tenga sus debilidades, caprichos, hasta el punto de convertirle en terrestre, de los nuestros. Esa bajada metafórica de los cielos de los inalcanzables a la vida de los reales nos hace afirmar algo evidente: «¡Claro, él también es humano!»

«Si gustan Ustedes»
Protagonista: Emilio Botín
Puesto: Presidente del *Banco Santander*

La mayoría no vamos a tener, previsiblemente, la fortuna de celebrar una reunión de trabajo con Emilio Botín. Si así fuera, quizás nos sorprenderíamos por algunas de sus preferencias, su forma natural de exponerlas y su educación.

Imagínense una reunión en un país sudamericano, en uno de aquellos en los que el *Banco Santander* ha invertido mucho dinero. Los principales ejecutivos del Banco esperan la llegada del Presidente, de 'D. Emilio'. Todo el protocolo está preparado para que, además de hablar de negocios, el Presidente tenga un recuerdo agradable de esta estancia. Tampoco nada exagerado que no concuerde con la austeridad del Presidente. Las cosas irán rápido, será una reunión de dos horas, donde algunos directivos del Banco local han preparado información para que el Presidente tenga, de primera mano, la opinión de quienes llevan el día a día.

Todos se sientan alrededor de una mesa rectangular, la mayoría de ellos nerviosos. Estar con el gran jefe no es algo que se produzca habitualmente y quieren dar una buena impresión. Se han encargado algunos alimentos. Es la hora de la comida.

D. Emilio saca de su cartera una lata de sardinas.

—Yo, con su permiso, me voy a tomar mis sardinas, que me gustan mucho. Si Ustedes gustan, pueden compartirlas conmigo.

—Muchas gracias —se oye prácticamente al unísono del resto de la sala.

—Bueno, empecemos —dice el Presidente mientras abre su lata y se dispone a comer a la par que escucha las exposiciones de los ejecutivos allí congregados.

Conclusiones
Tercer pecado capital: el jefe es prepotente (lo cual, a menudo, coincide con que el jefe no es MUY educado, no es MUY humano o no es MUY honrado)

Supongamos que Usted no es jefe y que trabaja. Es muy probable que Usted tenga un jefe. Y como Usted tiene un jefe, es más que posible que Usted sea muy educado con él, incluso que le ponga la buena cara que no les pone a su cónyuge y a sus hijos cuando llega a casa.

Ahora imaginemos que a Usted le hacen jefe. Tiene Usted un despacho, su secretaria y quince empleados a los que dirigir. Tiene Usted quince personas que dependen (qué horrible y patética palabra) de su persona. Todos ellos fueron compañeros suyos hasta ayer, hoy pasaron a ser «empleados» suyos.

Y Usted piensa que ya nada será igual. Si todo fuera igual que antes, quizás Usted no mereciera el respeto de sus subordinados. Debe hacerles entender que no será igual, aunque ellos quizás ya lo sepan.

Probablemente, no todo pueda ser exactamente igual que antes, pero tampoco tan diferente. Tal vez sea una cuestión de comunicar sinceramente y hacer saber lo que es obvio:«Ahora tengo la misión de decidir y mandar» y lo que no pudiera parecer tan obvio, pero que, con frecuencia, se olvida de decir: «Sé de lo que nos hemos quejado como compañeros. Mi misión será solucionarlo y, si soy incapaz de hacerlo o tengo una visión de la situación diferente a la de antes, os comunicaré cuáles son los factores que me imposibilitan y dificultan mi propósito o por qué veo ahora las cosas de forma diferente».

A menudo, se produce una extraña mutación en el ser humano cuando es nombrado jefe, y todo aquello que sufrió como empleado y no le permitió ser todo lo productivo que hubiera podido ser, vuelve a reproducirse bajo su jefatura, a pesar de poder haber participado activamente en erradicar lo que tanto le molestaba. El jefe se distancia, empieza a fabricar y poner de manifiesto su prepotencia.

El nuevo jefe pasa a formar parte de la familia de los jefes y abandona la familia de los empleados. Cada grupo con sus intereses y juegos políticos que no consiguen sacar lo mejor del grupo.

El ex empleado, ahora jefe, disfruta en este momento de una relación sin equilibrio, donde aparecen frecuentemente la mala educación, la falta de humanidad y la corrupción. El nuevo jefe está confiado. Como dice Luis Rojas Marcos[14]: «La confianza exagerada o irracional de uno mismo también puede ser peligrosa, no sólo para uno mismo, sino para los demás».

El jefe, tanto en la empresa como en la familia, tiene que ser extremadamente educado y conseguir que su lenguaje explícito (oral, escrito) e implícito (miradas, gestos) cree un entorno que proporcione a sus colaboradores confianza.

Debo imaginar que la mayoría de los jefes no sufren de prepotencia, que no es otra cosa que un defecto de la autoestima, que se manifiesta de forma tan acentuada que hace que la persona se sienta diferente a los demás.

Nunca debería ser tarde para que se produzca un cambio en esta dirección. Tan sencillo como ponerse manos a la obra, el jefe notará rápidamente el cambio en su relación con sus colaboradores y es posible que note, no tan rápidamente, que las cosas funcionan mejor.

Como en la mayoría de los asuntos que se abordan en este libro, es una cuestión combinada de querer (voluntad) y saber (procedimiento). Muchos de los jefes que he conocido creo que quieren potenciar el rendimiento de su equipo a través del buen ambiente y clima, pero no lo logran, y esto les frustra. Muchos jefes no reparan en que el acto de comunicar se convierte en un

14 Vid. ROJAS MARCOS, L. (2007): *La autoestima: nuestra fuerza secreta*, Madrid: Editorial Espasa-Calpe

examen diario por el que tienen que pasar delante de sus subordinados. Éstos, a su vez, tienen una sensibilidad especial por lo que sus jefes comunican tanto de una forma explícita como implícita.

Les pongo un ejemplo que presencié hace poco. Una persona intenta explicarle a otra lo que esta segunda no sabe. La primera, el jefe, le dice a la segunda: «Te lo voy a explicar de una forma burda, para que lo entiendas». Probablemente, lo que quería decir era: «Permíteme que te lo explique sin mucho detalle, así me será más fácil hacerme entender. Si quieres después, profundizamos». La primera frase es hiriente. De hecho, cuando la presencié, me produjo una mezcla de pena e hilaridad. ¿Cómo se puede decir algo tan mal?

O el ejemplo más común entre las conductas verbales reactivas, el maldito «¿Entiendes?», que el jefe utiliza a discreción con su subordinado esperando una sumisa respuesta, pero que difícilmente se observará en la comunicación de un subordinado a su jefe, dado que es posible que éste le responda en el uso de su poder: «¡Joder!, si no entiendo, es porque no te sabes explicar».

«Aquí se viene a trabajar. Se viene de casa llorado. Vamos, no me jodas, no me vengas con historias. Trabaja ya.» Frases de este tipo son muy fáciles de decir, no exigen ningún arte especial, aunque muchos crean que sí. Simplemente, hay que vencer una resistencia que tenemos los humanos, unos más y otros mucho menos, a comunicarnos de forma cruenta. Pero una vez que lo consigues y observas con satisfacción la reacción temerosa del interlocutor, repetirlo es fácil.

Podríamos sustituir la frase de antes por un «Noto que siempre te estás quejando. Me gustaría entender tus quejas y zanjarlas. Si no es posible, conseguirlo, será mejor que busquemos soluciones alternativas».

Hay padres que jamás le han dicho un «perdón» sincero a sus hijos, porque esto supondría, a su entender, una devaluación de su jerarquía. En cambio, ordenan a sus hijos que les pidan perdón hasta la saciedad, o incluso no aceptan sus sinceras disculpas: «Perdón, perdón,... ¿Qué hago yo con tus perdones?», he escuchado en boca de padres enfadados, no aceptando la disculpa de sus hijos.

¿Qué cuesta comunicarse bien, con mucho respeto? Le diré que a demasiados jefes esto les exige un ejercicio para el que no están preparados, ni para el que quieren prepararse.

Cualquier persona valorará positivamente una atención individualizada sobre su vida personal. Todos pasamos por trances de mayor o menor envergadura, sobre los que nos gusta que los demás presten atención. Es común decir que «Pasamos más horas en el trabajo que con la familia» y es triste ver cómo en ese lugar donde acudimos a diario y en el que se nos pide esfuerzo, fidelidad, lealtad y generosidad, la persona de la que dependemos (qué horrible y patética palabra) no exprese su más mínima preocupación por nuestra vida. Parece como si ese tipo de jefe prepotente, pretenda que su subordinado divida su cerebro matemáticamente en dos, hasta el punto de olvidar, aparcar, zanjar con su vida personal mientras trabaja.

Conozco a muchos jefes que se vanaglorian del trato vejatorio, dictatorial, que dispensan a sus empleados, lo cual representa ya una preocupante señal.

Para conseguir ser muy humano, se necesita cultivar el amor por lo que nos rodea y un procedimiento. De nuevo, querer y saber. Le pondré un ejemplo. Siempre he pensado que *El Corte Inglés* ha capitalizado de forma soberbia un dato que está al alcance de muchos, pero que sólo ellos supieron explotar desde el inicio. Se trata de la fecha de cumpleaños. Si el jefe quiere, puede saber cuándo es la fecha de cumpleaños de las personas que colaboran con él o ella. Acercarse ese día a felicitar de forma sincera el cumpleaños será bienvenido por personal y por inusual. Conocí a un Director General que hacía las veces de *El Corte Inglés* en su empresa. Tenía ciento sesenta personas a su cargo. Cada vez que había un cumpleaños, iba a la mesa de la persona. Recuerdo con alegría a una de esas personas que dijo muy simpáticamente: «Increíble. El Director General ha venido a felicitarme mi cumpleaños». El paseo de este Director General hasta el puesto de trabajo servía también para charlar con sus compañeros más directos, para reírse un rato, en definitiva, para sumar.

La tercera parte de este pecado capital es no ser muy honrado. Para vencer este pecado capital, hay que querer y no autoengañarse.

El autoengaño es el mecanismo de defensa que los seres humanos tenemos para crear nuestra verdad y sentirnos aliviados con respecto a nosotros mismos. Es un mecanismo de defensa muy útil para conseguir que nuestra autoestima no se vea dañada, pero también puede ser una manera de crear nuestras propias reglas del juego, alejadas de la moral que hemos aceptado como miembros de una comunidad.

Hace poco tiempo me encontré en la calle con uno de los directivos implicados en el caso *Afinsa*[15], al que conocía desde hace muchos años y con el que no me había visto en los últimos diez. Como conocedor que soy del mundo de los sellos, intuía desde que supe cómo funcionaba esta empresa, que había algo oscuro en el sistema.

—¿Cómo te encuentras? —le pregunté.

—Mal, ¿cómo voy a estar? —me contestó.

—Ya me imagino. ¿Por dónde andas? —seguí la conversación.

—Pues ¿dónde voy a estar? En casa. Ahora vengo de la Audiencia Nacional. Cada quince días debo presentarme. Me tratan como si fuera un delincuente.

---

15 Dos empresas, *Afinsa* y *Forum Filatélico Español,* fueron intervenidas judicialmente y sus principales directivos encarcelados. Ambas se dedicaban a captar ahorros de particulares para invertirlos en bienes tangibles, fundamentalmente sellos. Por lo que parece, su contabilidad representaba algo bien diferente a la realidad, que no era otra que empresas en quiebra, y cientos de miles de ahorradores perdieron, hasta el momento, su dinero.

—Cuando quieras nos vemos —le di una tarjeta de visita con mi teléfono móvil con la prácticamente nula esperanza de que me llamara. Me hubiera gustado conocer cómo ha construido su frágil verdad.

Pues bien, este deshonrado directivo que ha dejado sin ahorros a miles de personas, sin trabajo a centenares de colaboradores, probablemente haya tejido una tupida red de mentiras que él mismo se cree. Y sin llegar a estos extremos, así hacen los jefes corruptos, con diferente grado e intensidad.

Los que hemos comido a cuenta de la empresa, cuando se trataba *más bien* de un asunto personal, pero que hemos vestido de carácter profesional, tampoco fuimos honrados. Víctimas del autoengaño más burdo, nos decíamos a nosotros mismos «Trabajo mucho y la empresa no lo va a notar en su cuenta de resultados».

Para ser un buen jefe, también hay que ser honrado. Jugar con una baraja tan diferente es necesariamente malo. Si, a pesar de esto, opta por seguir usurpando recursos que no son suyos, al menos parezca honrado y procure que los actos más estúpidos no se vuelvan en contra suya, puesto que adquirirán una publicidad probablemente inmerecida por su cuantía, pero que en cambio hablan del jefe por sí solos. Sepa, por ejemplo, que un ex presidente de una empresa que cotiza en el *IBEX 35* hacía comprar con el dinero de la empresa el desodorante que le gustaba tener en su despacho. Esta estúpida y pequeña corrupción era suficiente para desacreditarle a ojos de sus colaboradores, que ya se encargaban de contárselo a los demás («¡Con la pasta que gana! Hasta le tenemos que pagar el desodorante»). O como recientemente ha salido en la prensa, otro jefe vinculado a la política compraba grandes cantidades de golosinas y chicles a cuenta del Ministerio y daba a entender que eran para atenciones a las visitas que recibía. El jefe que decide no ser cien por cien honrado debe, como mínimo, no ser cien por cien estúpido, como lo ha sido el

Presidente del Banco Mundial[16], que ha merecido más fama y páginas en los periódicos por su ingenua falta de honradez que por su trabajo al frente de tan importante y prestigiosa institución. ¿Qué pensarán, entre tanto, sus empleados?

Algunos síntomas del jefe prepotente:

- Se considera un ser superior, diferente a los demás, razones por las cuales él cree que es jefe.
- Sus subordinados son, por tanto, inferiores al jefe. Tiene un complejo de superioridad.
- Ha creado sus propias reglas del juego, las que le convienen. Las que regían estaban mal.
- Ser educado con los subordinados puede ser un síntoma de debilidad, además de una pérdida de tiempo.
- Cree que la gente entiende mejor cuando se le ve enfadado, con el gesto torcido o hablando a gritos.
- No puede permitirse el lujo de explicar las cosas. Las personas tienen que hacer lo que se les dice y punto.
- Siente placer cuando observa que los demás le tienen temor. «Es lógico», piensa.
- Sus subordinados le copian y se da cuenta de que ha logrado que también sean prepotentes, maleducados y deshonestos. Lejos de sentirse culpable, se siente orgulloso.

Algunas sugerencias para el jefe prepotente:

- Sepa que va a acabar en el hoyo como todos.

16 Paul Wolfowitz tuvo que dejar su puesto de Presidente del Banco Mundial porque había promocionado de manera injusta y extravagante a su compañera sentimental. Tan evidente era que su comportamiento no se ajustaba a las reglas del juego, que fue acosado hasta ser derribado.

- La condición humana no ha cambiado, pero sí nuestra forma de relacionarnos. Quizás éste sea el signo más distintivo de la modernidad. No sea antiguo.
- ¿No le gusta que hablen de Usted bien?
- No sea desagradable, su mente se lo agradecerá.
- No robe, es pecado mortal (¿Qué le puedo decir sobre algo tan evidente?)

Cuarto pecado capital

Oír pero no escuchar

Para hablar bien, hay que
dominar el arte de escuchar.
Escuchado en una tertulia de La
Ventana de la Cadena SER

Así como hay un arte del bien hablar,
hay un arte del bien escuchar.
Epicteto de Frigia

Escuchar puede salvar a las organizaciones de situaciones dramáticas. «Te intenté avisar, pero estabas siempre demasiado ocupado», responde una persona a otra cuando ésta le interroga: «¿Por qué no me dijiste nada?»

Escuchar aporta información, siembra dudas, mejora la decisión que sólo el jefe puede tomar.

Escuchar lo que uno no quiere oír es incómodo, difícil pero necesario.

«Estoy segura de que no» Concha, la madre de Joaquín

No escuchar hace que la realidad se esconda aunque la tengamos delante de nosotros.

Algunos de los anuncios de la FAD (Fundación de Ayuda contra la Drogadicción) insisten a los padres para que estén atentos a lo que sus hijos les dicen y hacen. De sus palabras, de sus gestos podrán ir descubriendo algo que a los vástagos no les interesa que se sepa, su relación con la droga.

Joaquín me invitó a comer. Fuimos compañeros del colegio y tuvimos la suerte de encontrarnos cruzando el mismo paso de cebra en Madrid.

Él estaba contento con su trabajo, había progresado mucho y comentaba que «ganaba mucho dinero». Su gesto se torció, en cambio, cuando empezamos a hablar de la familia, yo no la conocía de nada.

—Mi hermano nos ha destrozado la familia —dijo lacónicamente.

—¿Por qué? — inquirí buscando más información.

—Drogas. Toda la familia ha estado pendiente de mi hermano, no nos ha dejado vivir.

—¿Y han sido muchos años de sufrimiento?

—Muchos más años de los necesarios.

—¿A qué te refieres?

—Yo la avisé mucho tiempo antes. Observaba que el comportamiento de mi hermano no era normal y que las cosas iban gradualmente a peor. Le decía a mi madre, mi padre falleció hace ya dieciséis años, que probablemente tenía un problema de drogas, pero ella rechazaba la idea. Incluso sugirió si tenía algún tipo de rencor o envidia a mi hermano, y tropecé una vez y otra con la barrera de alguien que no quiere escuchar. Sé que para ella era muy duro aceptar el fracaso de su hijo, pero hubiera sido mucho menos de lo que está siendo ahora. Si en su día le hubiéramos ayudado a tiempo, quizás la situación no fuera tan insoportable como lo ha sido y lo está siendo.

La madre de Joaquín no quiso ni supo escuchar las advertencias que su hijo le hacía. Escuchar le hubiera puesto en alerta de uno de los tragos más amargos que la existencia humana puede tener, ver cómo un hijo queda enganchado a una sustancia que destroza su vida y a quienes le rodean.

Si el jefe tiene disposición a escuchar, lo hace allá por donde vaya. Recoge una idea de un lado y de otro, y se convierte en un devorador de oportunidades que otros le brindan gracias a su conocimiento. La gran suerte del jefe es poder ser el catalizador de esas ideas, propuestas y avisos que terceros le dan para que él pueda hacer su trabajo.

«Puede ser un tsunami»
Tilly Smith
Puesto: alumna

El tsunami que asoló el sudeste asiático en diciembre de 2004 y dejó sin vida a miles de personas fue una catástrofe natural que sólo podría haberse evitado con el uso de tecnología moderna que permite avisar a la población con suficiente tiempo de antelación para evacuar a las personas del territorio que está en peligro.

Una familia británica y un total de cien personas pudieron salvar la vida gracias a escuchar la recomendación de la niña Tilly Smith.

Quizás Usted ya haya leído esta historia, permítame que se la presente bajo la óptica de este pecado capital de los jefes.

La pareja Penny y Colin Smith disfrutaban junto con su hija Tilly unas vacaciones en Phuket, Tailandia. Como lo hacían centenares de personas que, alojados en hoteles de lujo, hacían uso de las maravillas de la naturaleza.

Súbitamente, el agua del mar se retiró de una forma anormal, dejando al descubierto muchos metros de playa. La niña acudió donde estaban sus padres y les alertó: «Cuando la marea baja así, es el aviso de la llegada de un tsunami. Lo hemos estudiado en el colegio».

Los padres escucharon a su hija, alertaron a otros turistas y al personal del hotel y decidieron huir del lugar donde, previsiblemente, se iba a producir el fenómeno natural. Salvaron sus vidas.

Al parecer, esa playa fue una de las pocas de Phuket donde no hubo muertos ni heridos de gravedad.

¿A quién hay que escuchar? ¿Escucho a éstos o a los otros? El jefe que sólo escucha en una dirección, por comodidad, fidelidad o por simpleza, es un pecador.

Hay personas a las que el jefe pecador escucha siempre, y se convierte en su títere.

«Lo que digan en Inglaterra»
Protagonista: Javier Costa
Puesto: Gerente de la filial española de una multinacional americana.

Escuchar al jefe y actuar en consecuencia es una obligación. En caso contrario, uno puede resultar despedido de la organización por indisciplinado.

Hay quienes se toman este aserto de una forma literal y excluyente, como es el caso de nuestro protagonista. Sólo escuchaba a sus jefes ingleses.

Javier Costa dirigía la pequeña filial española de una empresa norteamericana que tenía sus oficinas centrales europeas en Inglaterra.

La filial española, formada por seis personas, sólo conseguía gestionar los clientes multinacionales que le llegaban desde la oficina británica y era incapaz de captar nuevos clientes españoles. La situación era desastrosa. El sinsentido común se había apoderado del jefe español, que parecía tener como principal y única misión interpretar lo que «los ingleses querían».

Cualquiera de los integrantes del pequeño equipo español se daba cuenta de que no conseguían avanzar y que el tapón era el jefe.

El jefe había recibido pocas instrucciones y todas ellas de carácter general: se debe gastar lo menos posible, nuestra misión es ayudar a las empresas a mejorar el rendimiento de sus empleados y cosas así. La adaptación del mensaje al entorno español se hacía necesaria, pero este jefe era incapaz de salirse de la literalidad del marco que «sus ingleses» le habían dado.

La persona que podría considerarse su segundo en la organización me llamaba frecuentemente para cenar. Su frustración era evidente y sabía que no había ninguna opción de que la situación se modificase, a menos de que su jefe desapareciera. Había algunas situaciones sonrojantes:

—¿Le has comentado lo mismo que me cuentas a mí?, le pregunté.

—Claro, pero es imposible que entienda nada. Sólo hace caso a lo que le dicen los ingleses de una forma general. Te pondré un ejemplo. Cuando llega el día de cobrar nuestro salario, nos llama uno a uno a su mesa y nos hace entrega de un cheque. Una vez que nos ha pagado, se produce una desbandada general para ir a depositar el cheque en nuestras respectivas sucursales bancarias. Lo cual significa que ese día lo perdemos, aparte de hacernos sentir mal teniendo que acudir a su mesa para cobrar nuestra nómina.

—¿Por qué crees que actúa así? ¿Es por maldad, para sentirse superior a los demás?

—No lo creo. Le he comentado en muchas ocasiones el trastorno que produce este sistema. Su contestación no admite respuesta: «Para qué gastar dinero en comisiones cuando lo podemos hacer así. Los ingleses nos han pedido que gastemos lo necesario».

Increíble, pero real.

Lo mismo ocurría en la presentación de la empresa. No despertaba el interés de los potenciales clientes españoles porque estaba literalmente traducida del inglés, lo cual la hacía incomprensible, además de no ajustarse a la capacidad de prestación de servicios de la filial española.

Mi amigo me trajo una de las presentaciones de la empresa y le hice saber que era difícil que alguien entendiera a qué se dedicaban y que, en caso de que finalmente lo comprendiera, nadie creería que hacían todo eso sólo con seis personas, por muy multinacional que fueran.

—He ido con esta presentación a unos cuantos clientes y me pasa exactamente lo que tú cuentas —me dice. He vuelto a la oficina, se lo he comentado a Javier y me ha dicho que la integridad del negocio pasa por tener una marca, un concepto, una presentación única, que así lo quieren los ingleses y que él no está dispuesto a cambiar esa instrucción que le parece lógica y afortunada porque un cliente potencial se lo diga.

—No conseguiréis clientes, entonces —añadí.

—Así es. Dudo que así lo quieran los ingleses, pero....—dejó en el aire la frase.

Mi confidente y otro integrante de ese pequeño equipo tienen ahora sus respectivas empresas, que se dedican a lo que esta multinacional hacía. La filial española, como no cabía esperar otra cosa, terminó desapareciendo, y todo gracias a que era comandada por un jefe que sólo escuchaba a sus jefes ingleses. Un día tuve la oportunidad de charlar con uno de los directivos británicos, que solemnemente decía: «Quizás no supimos entender el mercado español, lo intentaremos de nuevo». No tienen visos de hacerlo.

Hay jefes pecadores que no escuchan y que viven aislados de la realidad de su propia organización.

Si alguien les alerta intentando abrirles los ojos sobre un determinado peligro, rechazan la máxima. Para ellos la alerta es falsa, inventada, es una falacia. El que avisa es demonizado, no tiene razón. El jefe pecador no quiere escuchar «mentiras».

Que el jefe no escuche es una de las principales razones por las que un subordinado se quiere ir. ¿A quién le cuento lo que sé y que creo que es útil?

«A 150 metros»
Protagonista: Jorge Pérez
Puesto: Presidente

Hacer de consultor me ha permitido conocer a personas de muy variada procedencia y estilo.

Fruto de la causalidad, fui llamado por un conocido para prestar un servicio de consultoría estratégica para una empresa que, a su vez, formaba parte de un grupo de empresas.

Como suele suceder con excesiva frecuencia, la buena idea de crear pequeñas unidades de negocio para que cada una tenga su personalidad y responsable al frente de ellas choca frontalmente con la condición humana de competencia interna, que hace que los responsables de cada unidad vean a su «enemigo» dentro de casa más que fuera de ella. Las posibles vías de colaboración entre compañeros son, entonces, abortadas por los directores de cada unidad que hablan de su vecino de despacho con un preocupante «ellos» más que con un consensuador y multiplicador «nosotros».

En este grupo de empresas, esta situación era fomentada desde la inacción por el máximo responsable: el Presidente.

Entre las conclusiones que mi consultoría ofrecía, se encontraban algunos gráficos que explicaban la posibilidad de generar nuevos negocios, atendiendo a nuevas necesidades de clientes si dos o más unidades trabajaban coordinadamente. La presentación se la hice al director de la unidad que me había contratado y al Presidente del grupo de empresas.

—Me gusta lo que planteas —me dijo el Presidente.

—Para hacer lo que aquí te sugiero, se necesita un cambio que tú tienes que propiciar —le anuncié de inmediato.

—¿Cuál?, me preguntó curioso.

—Las personas de tu organización están mal comunicadas entre sí y desconocen el rumbo de la empresa. En cuanto tú te vas de viaje, muchas preguntas quedan por responder sobre asuntos que son de carácter primario para el funcionamiento de la organización. Si quieres que la empresa trabaje en equipo, no deberá depender exclusivamente de ti y tendrás que crear un mecanismo de comunicación interna que supondrá que tú deposites y compartas información que ahora sólo tú conoces y recojas la información de tus colaboradores que te permita tomar decisiones. Para empezar, tú te reúnes de forma separada con cada director de cada área, nunca lo haces de forma conjunta.

—La gente quiere saber demasiado —me dijo.

—¿Cómo? —enarqué las cejas asombrado.

—Mira, la gente sabe lo que tiene que saber y tiene que hacer lo que yo le diga. Cualquier persona que quiera saber algo no tiene más de 150 metros desde el punto más lejano de la oficina con respecto a mi despacho. Y yo les contesto lo que ellos quieran saber —replicó impaciente, y no dudó de que estaba diciendo la verdad.

No escuchar mata.

Mata al que habla y no es escuchado. Y algunos de los que hablan y no se les escuchan matan mientras mueren.

Los clientes mueren, se van porque no se les escucha y matan a la empresa porque ésta se queda sin sus ingresos.

Así de fácil, así de real.

«No nos sirve de nada» Protagonistas: alumnos de un máster de *Marketing*

Los mejores centros docentes tienen a gala tener los mejores profesores y programas, así como unas buenas instalaciones y servicio post venta.

Dado que hay una extensa oferta de másteres, los candidatos a estudiantes analizan con detalle y cuidado el centro donde van a cursar sus estudios de post grado.

El centro, a su vez, incluye en su argumentación al posible futuro alumno, dándole su cuota de protagonismo: «Cualquier cosa que no te guste, que pienses que se puede mejorar, te agradeceremos que nos lo digas». La satisfacción de los estudiantes de hoy supone la seguridad de que llegarán estudiantes en el mañana.

Pero no siempre ocurre así. Hay algunos centros docentes que optan por no escuchar a sus clientes y seguir haciendo todos los años lo mismo, a pesar de las quejas reiteradas de los alumnos.

En uno de los centros donde imparto clases, esto ocurre año tras año. Dado que mi clase termina tarde y que el centro se encuentra a las afueras de Madrid, pregunto si alguien desea que le lleve en coche a algún sitio cercano a la dirección en la que voy. Acostumbro, entonces, a entablar un diálogo que siempre se repite.

—¿Qué tal os va?

—Bien, bien —contestan con un tono triste y apático, como si me invitaran a prolongar la conversación.

—No noto demasiada alegría en esa contestación. ¿Estáis cansados?, les incito a que hablen.

—Esperábamos mucho más del máster —dicen una edición tras otra.

—¿En qué sentido?

—Nosotros ya tenemos experiencia profesional y veníamos con el interés de aprender cosas nuevas que no fueran una trascripción literal de un libro de marketing o la explicación de un software. Queremos una visión diferente, aportada por profesionales, que permita aumentar nuestra capacidad de análisis y ejecución.

—¿No lo habéis comentado?

—¿A quién? Nos han dicho que a final de curso valoraremos a los profesores y el máster, cuando ya sea demasiado tarde.

Parapetado en una marca de reconocido prestigio, este máster sigue sobreviviendo a pesar de las malas recomendaciones que hacen los alumnos. La organización de este máster ha ideado una manera poco honesta de utilizar a sus alumnos como prescriptores, seleccionado sólo a aquellos sobre los que tienen la seguridad de que hablarán bien del máster, aunque lo hagan de forma insincera.

Sólo unos pocos cambios en el profesorado, en el programa y una encuesta de satisfacción continuada arrojarían como resultado que los alumnos verían aumentado el nivel de expectativas materializadas, pero los jefes de este máster han decidido que ellos tienen razón y que el alumno es el único que tiene que escuchar.

Escuchar no es difícil, es una cuestión de actitud más que de conocimiento. Es también una cuestión de procedimiento, no vale escuchar sólo los días impares nada más.

«¿Y tú qué opinas?»
Protagonista: Jorge Planas
Puesto: ex Director General de *Cableuropa* (actualmente *ONO*)

Hay algunas rutinas que sólo se pueden aprender observando. Y una de las rutinas que yo he adaptado a mi forma de relacionarme con las personas que colaboran conmigo se la debo a Jorge Planas, del que nada sé en la actualidad.

Me encontraba junto a él en su pequeño despacho de la calle Marqués de Cubas de Madrid, desde donde dirigía el incipiente negocio de la televisión por cable con unos pocos empleados en nómina, pero con la idea clara e ilusionante de que detrás de ese negocio había mucho futuro, como así se ha demostrado.

Alguien interrumpió nuestra conversación para preguntarle algo:

—Jorge, ¿qué hacemos con los proveedores de fibra?

—¿Y tú qué opinas? —le contestó nuestro protagonista.

—Pues yo creo que deberíamos darles una oportunidad, pedirles una rectificación sobre su propuesta y simultáneamente tener un plan de contingencia.

—¿Has pensado en la posibilidad de los suecos?

—Sí, lo he hecho.

—Haz lo que has dicho —le dijo rotundamente Jorge a la persona que nos había interrumpido.

¡Qué gran forma de decidir!, pensé. En aquel momento yo no era jefe, pero pensé que si algún día lo fuera y tuviera que tomar una decisión, debería primero informarme. «¿Y tú que opinas?» Ésa es la pregunta perfecta, me dije, la pregunta que permite a la persona preguntada decir lo que considera más conveniente, la que suministra al decisor más información e inicia un posible diálogo entre los dos.

Ahora forma parte de mi rutina, salvo excepciones, aquellas que confirman la regla. Todos los días tengo que tomar decisiones, la mayoría de ellas provocadas por cuestiones sobre las que se me aborda por parte de algún colaborador que viene a pedirme que le diga qué es lo que debe hacer sobre una determinada cuestión. Las excepciones son las relacionadas con aquellos colaboradores, los menos pero existen, para los que tomar parte de una decisión es algo que está fuera de su alcance intelectual y que esperan que quien les mande les diga exactamente lo que tienen que hacer.

Hay jefes que con su escucha hacen algo más que recoger información e ideas, transmiten una cultura al resto de la organización. Su gesto, el de preguntar para escuchar, tiene premio. Se entera toda la organización que, rauda, se dispone a imitarle.

«Soy el Presidente»
Protagonista: Emilio Botín
Puesto: Presidente del *Banco Santander*

La persona que me contó esta vivencia dejó el *Banco Santander* hace ya algunos años. Gracias por contármela, Pedro.

Eran ya las ocho de la tarde pasadas y en el departamento no había nadie, sólo Pedro. No es que fuera el que más horas echara, pero ese día se había prolongado más de la cuenta.

El teléfono suena, no es habitual a esas horas. Meditó si cogerlo, bien podría ser un marrón de última hora y le apetecía irse ya a casa. Finalmente, optó por cumplir y recoger esa llamada:

> —Buenas tardes, soy el Presidente. ¿Con quién hablo?
>
> —Soy Pedro R., el jefe de la unidad —respondió mientras trataba de identificar al bromista que creía que se hacía pasar por el Presidente, D. Emilio.
>
> —Mire Usted, quiero saber una información relacionada con la venta de este producto financiero. ¿Me la puede proporcionar? Búsquemela y llámeme, por favor, a esta extensión —le dijo el Presidente.

Pedro miró la pantalla de su teléfono, coincidía con la extensión del teléfono que su interlocutor le estaba diciendo. Una vez que se hubo terminado la corta conversación y antes de buscar la información solicitada, examinó la lista de extensiones. Desde donde le habían llamado era del despacho del Presidente.

—Presidente, tengo ya la información. ¿Cómo se la hago llegar? —preguntó Pedro una vez que estuvo de nuevo al habla con Emilio Botín.

—Prefiero que me la diga y que la comentemos. ¿A qué cree Usted que se debe la diferencia en margen con respecto al año pasado?

—Pues, Presidente, hemos iniciado una nueva estrategia comercial que nos proporcionará más volumen y margen en el futuro pero que, inevitablemente, pasa por una caída en el margen los primeros meses.

Algo más de cinco minutos de conversación con un Presidente ávido de escuchar. Toda una unidad que al día siguiente sabría que el Presidente les había llamado para interesarse por sus asuntos, para escuchar y aprender.

Conclusiones
Cuarto pecado capital: el jefe no sabe escuchar

Cualquiera de los lectores de este libro sufrirá en sus propias carnes, como consumidores que somos todos, de las consecuencias de organizaciones que no nos saben escuchar porque los jefes de esas empresas no quieren escuchar a sus subordinados.

Aprender a escuchar está al alcance de todos, pero pocos se ponen a ello. Un anuncio de la Universidad de Navarra utilizaba la imagen de Alfredo Urdaci, antes de que este cayera en desgracia, donde se entrecomillaba una frase del presentador en la que decía: «Aquí aprendí lo más importante: escuchar». Quizás, puestos a elegir entre las cosas que más se echan de menos entre los jefes y las personas en general, es la capacidad de escuchar.

Escuchar no es oír. No vale con mantenerse callado mientras otra persona habla y pensar en otras cosas entre tanto. Escuchar es un ejercicio que forma parte de una interacción con otra u otras personas al objeto de entenderse entre ellos. El ejercicio de escuchar será más rico cuanto más se ponga el interlocutor en el lugar del otro, lo que denominamos empatía o alteridad.

Una simple visita a alguna empresa permite saber que en esa empresa el jefe sólo habla, no escucha.

> *—¿Qué quiere que le diga? Ya se lo he dicho muchas veces a mi jefe y no me hace caso —dice el empleado de un concesionario al que había comprado un coche (*un *KIA Opirus) y del que estaba recibiendo un trato que yo consideraba inadecuado.*

Mis quejas al vendedor cesaron en ese mismo instante. Me busqué la vida a otros niveles. Nada conseguí, debo decirle.

Muchas de las cosas que ocurren cuando consumimos un determinado servicio y que nos producen grandes insatisfacciones vienen derivadas de la ausencia de escucha por parte de los jefes que, recluidos en sus despachos y rodeados de las sesudas conclusiones proporcionadas por un gabinete multinacional, son incapaces de escuchar a quienes tienen más cerca y más valor les pueden aportar.

Muchas de las frustraciones de los empleados vienen derivadas de que sus jefes crean y aplican sus desconcertantes normas sin tener en cuenta los intereses de los subordinados, que a menudo son coincidentes con los de la empresa.

Un director de una sucursal bancaria dejaba de vender en el momento que cumplía sus objetivos, puesto que ello no le reportaba ningún beneficio añadido y sí en cambio nuevos quebraderos de cabeza, dado que el presupuesto del ejercicio venidero se construiría basándose en los resultados del año anterior. Se lo dijo a su jefe y éste argumentó que debería seguir vendiendo si se consideraba un profesional. Sólo un insensato podría argumentar de esta manera, haciendo enfrentar tanto los intereses personales con los de la empresa, pudiendo estar estos muy fácilmente alineados.

Los beneficios de escuchar son además terapéuticos. Cuando una persona se mantiene alerta y expresa preocupación por los que le rodean, es probable que sienta mayor felicidad con esa disposición generosa por los demás.

Pero a pesar de todo ello, la mayoría de los jefes no escuchan.

Hay jefes que sólo escuchan en los momentos de crisis. Imagínese la eventualidad de que un colaborador valioso pudiera marcharse, circunstancia bajo la que el jefe entonces se pone a escuchar. Sale de su madriguera, saca las antenas y escucha cuando ya es demasiado tarde.

Otros jefes expresan de forma voluntarista su predisposición a escuchar, pero se queda sólo en una intención. Victoria me comentó con ilusión que el Director General de la empresa en la que trabaja se acercó hasta sus tiendas. El gesto fue bien recibido por todos los empleados, además de ser inhabitual.

—Me pongo a vuestra disposición para escuchar vuestras ideas, quejas y sugerencias. Todo el mundo en la empresa debe saber que será escuchado. Enviadme directamente lo que queráis a mi correo electrónico (y dio la dirección).

«¡Qué bien!», le dije a Victoria, la verdad es que no es muy corriente el tono ni esa disposición.

Cinco meses después, sólo una persona de las veintidós que habían escrito al superior obtuvo una respuesta a través de este canal.

El buen jefe tiene la obligación de querer y aprender a escuchar. Además, debe asegurarse de que ofrece canales adecuados para propiciar que los demás hablen y aporten y comprometerse a responder a lo que escucha.

En una de las presentaciones de la empresa *Maritz*[17], hay un elocuente gráfico que habla del iceberg de la ignorancia. Esa pirámide representa la cantidad de información útil y valiosa perdida entre el personal de primera línea, aquellos que se parten la cara con los clientes, y el de la alta dirección. Según la investigación de esta empresa, sólo el 4% de la información llega hasta los niveles que toman las decisiones en la empresa. Ello significa, inexorablemente, que entre lo que pide el cliente y las decisiones de la empresa existe una gran diferencia. Parece razonable que si los clientes hablan por boca de los comerciales, los jefes preparen a la organización para traducir el mensaje del mercado y ponerse a trabajar en esa dirección. Hacer caso omiso a quien paga, quedándose con el 4% de lo que dice es cuanto menos arriesgado y, si me lo permiten, bastante estúpido.

A través de la escucha llegarán buenas ideas que convertirán a la empresa en más competitiva. Muchas personas tienen el firme convencimiento de que en su empresa podrían hacerse las cosas

---

17 *Maritz* es una empresa norteamericana especializada en Mejora del Rendimiento (*performance improvement*). Organiza, entre otras actividades, programas de motivación, concursos de ventas y asesoría en comunicación interna..

ICEBERG DE LA IGNORANCIA

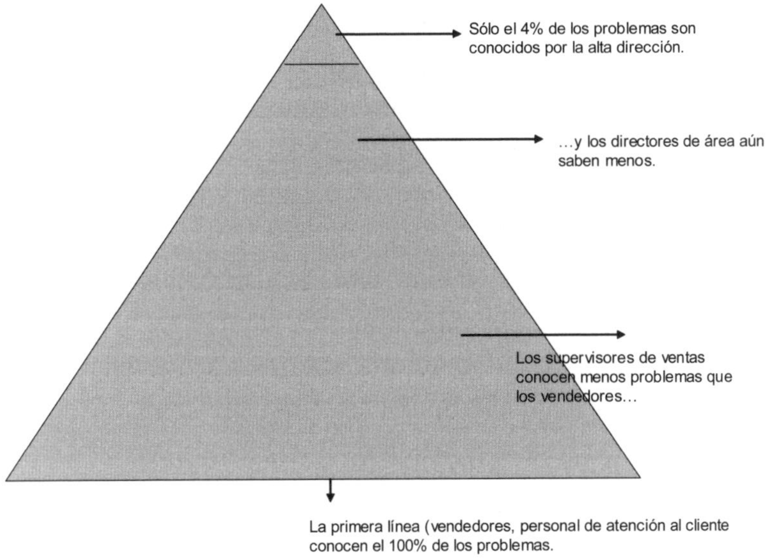

Adaptado de Maritz.

mejor y que podrían participar con sus ideas y su trabajo. Pero saben que no serán escuchados. No significa que sus ideas sean mejores que las existentes, pero el mero hecho de no ser escuchados les lleva a afirmar tajantemente que «Esto es una mierda. No entiendo por qué no se hacen las cosas de otra manera». Al no ser escuchados, no son rebatidos, no hay debate, y la inexistencia del mismo acarrea frustración.

Creo firmemente que muchos de los problemas que suceden en la familia, tanto en la creciente ruptura de parejas casadas como los relacionados con la educación de los hijos, vienen relacionados en gran medida por la falta de interés por el prójimo y, consecuentemente, por la falta de escucha.

Las riadas de personas acudiendo a las consultas de psicólogos y psiquiatras tienen que tener parcialmente su origen en la incapacidad progresiva que mostramos los seres humanos de las economías desarrolladas por preocuparnos sinceramente por los demás, aunque éstos sean nuestra pareja, nuestros hijos, y no digamos nuestros empleados o subordinados. Está científicamente demostrado que la atención sincera de una sola persona puede elevar la autoestima y, por tanto, la felicidad de otra que haya sido consumida por causas objetivas (enfermedad, muerte de un familiar) o subjetivas en el fango de su propio autodesprecio.

Pese a todo ello, la mayoría de jefes y padres están lejos de escuchar lo suficiente.

Aprender a escuchar exige una disposición, estar interesado en lo que el interlocutor está comunicando.

Escuchar exige dominar una serie de sencillas técnicas relacionadas con el lenguaje. Imaginemos que un empleado ha tenido la suerte de expresar una opinión: «Yo creo que la recepción estaría mejor situada en la izquierda». Si el jefe le responde «Pues yo creo que estaría mejor a la derecha», es probable que la conversación se pueda dar por acabada. En cambio, un simple «¿Por qué crees que quedará mejor a la izquierda?» permite entrar en una dinámica de argumentaciones que harán que se pueda enriquecer la propuesta, para llegar finalmente a la que se piense que es mejor.

Fíjese en la próxima comida de amigos y descubrirá lo que quizás ya sepa: la mayoría de las personas no saben escuchar, sólo saben hablar de sí mismas.

Un compañero al que hemos contratado recientemente, me preguntó si no creía que a veces era conveniente no escuchar e interrumpir al interlocutor cuando le propuse a él mismo que no me interrumpiera.

Es cierto que a veces es necesario imponerse al interlocutor. Así ocurre en las tertulias radiofónicas o con un cliente que habla pero no escucha. En esos casos, hay que hablar más alto para lograr ser escuchado.

El ejercicio de escuchar es una regla de buena educación tristemente olvidada que, cuando el jefe —en el trabajo o en la familia— no utiliza, hace que esté tirando por la borda posibles mejoras para el presente y el futuro.

Algunos síntomas del jefe que no escucha:

- No suele preguntar a sus subordinados. «¿De qué sirve?», se dice.
- No le llegan ideas válidas de sus subordinados.
- Se molesta cuando algún colaborador no está de acuerdo con lo que él plantea.
- Interrumpe a sus subordinados –nunca al contrario– utilizando la «fuerza de la autoridad».
- El único sitio donde habla con sus subordinados es su despacho.
- Utiliza conductas verbales reactivas (v.gr, «¿Entiendes?»)
- Utiliza siempre a los mismos «confidentes» que son su fuente de información principal para la toma de decisiones.
- Tiene mucho trabajo y tarda mucho tiempo en contestar a sus subordinados.

Algunas sugerencias para el jefe que no escucha:

- Pregunte y escuche periódicamente a sus subordinados: les comprometerá y conseguirá información valiosa.
- Escuchar es la herramienta más fácil para motivar. Sólo por estar callado el jefe puede ilusionar.
- Con la información que obtenga, actúe.
- Salga de su despacho, visite el «territorio» de sus subordinados para entenderles mejor bajo su propia perspectiva física.
- Extienda, amplíe, sus fuentes internas de información y no permita que nadie piense que sólo unos pocos tienen acceso a que Usted les escuche.
- Adquiera un compromiso de fecha irrevocable para responder a las peticiones, sugerencias y quejas que sus subordinados puedan plantearle.
- Algo obvio: vaya con las orejas y la mente bien abiertas todo el rato.

Quinto pecado capital

El jefe pierde su propio control

Dar ejemplo no es la principal manera de influir en los demás; es la única manera.
Albert Einstein

Controlarse es dominar la capacidad y el valor de elegir[18]. Dudo que nadie que haya desarrollado esa capacidad opte por hacerse daño a sí mismo. Quien no puede controlar esa primera decisión, la de cuidarse, y elige todo lo contrario, maltratarse, es un peligro como jefe.

Obviamente, también es un peligro para sí mismo. Es probable que acorte su vida de forma innecesaria y que su calidad de vida se vea mermada.

«Después de comer, no hay quien le hable»
Protagonista: Roberto Martínez
Puesto: Consejero Delegado

Nuestro protagonista es una persona de indudable capacidad y con las ideas muy claras. Formó parte del equipo fundador de la empresa matriz que ahora cuenta con un complejo entramado de empresas y dirige actualmente una de las más importantes de ellas.

Pero a pesar de su inteligencia, de su conocimiento del sector, este caballero ha perdido desde hace años el control y hace que la eficacia de las personas que le rodean dependa de su inestable estado de ánimo después de las comidas. Tiene una aguda dependencia del alcohol que le permite ejercer su trabajo porque es el jefe; en caso contrario, es posible que hubiera sido despedido porque así no se debe ir a trabajar.

En una de las miles de veces (sin exagerar, lleva años con este mismo problema) que el directivo se cogió una cogorza, un grupo de empleados le esperaban a pie de avión, ya que tenían una

18 Le recomiendo la lectura de *El valor de elegir* de Fernando Savater. El contenido es muy bueno, aunque, a veces, su lectura algo difícil.

importante cena con representantes de un gobierno autonómico. El directivo iba acompañado de sus leales subordinados, que bajaron en primer lugar.

—¿Y Roberto? —preguntó uno de los empleados que estaban pendientes de recibirle.

—Ahora baja —contestó uno de los que venían con él mientras se echaba el pulgar hacia la boca con un inequívoco gesto que describía el estado conocido en el que solía estar.

—¡Ah...ya! —se mostró apenado, que no sorprendido, el jefe de los que esperaban, sabiendo que una vez más el jefe supremo les iba a hacer pasar un mal momento con personas con las que tenían que, supuestamente, quedar bien.

La cena se celebró sin la presencia del Consejero Delegado que bajó mucho más tarde y excusó su ausencia balbuciendo unas palabras que eran difícilmente comprensibles para aquellos que no le conocían.

Conozco a muchas personas que trabajan y han trabajado con esta persona, pero aquellas con las que más confianza tengo me comentan sin escrúpulos esta infeliz característica de Roberto. Ahora bien, no conozco a nadie que haya hablado con él sobre este particular. Ésa es la gran responsabilidad y, al mismo tiempo, la ventaja del jefe.

Una de las propiedades exclusivas del jefe es su soledad. A veces el jefe tiene que dilucidar consigo mismo, con toda la información que ha conseguido recabar. Cualquier filtración puede ser perjudicial e innecesaria, él es al final quien debe tomar la decisión.

Algunos jefes pecadores no soportan esta soledad y siembran el desconcierto y provocan inseguridad entre las personas que les rodean.

«Mi familia está arruinada. Nos tendremos que cambiar de casa»
Protagonista: Eduardo, 11 años.

Eduardo es el hijo mayor de una familia de clase media, como muchas de las que hay en Madrid.

Con Eduardo me cruzo de vez en cuando en la calle y solemos saludarnos, e incluso le pregunto por el devenir de sus estudios, por la familia y por sus aficiones: el fútbol, el cine y la guitarra.

Antes de que comenzáramos la conversación que ahora les reproduzco, Eduardo subía la cuesta que yo bajaba con un aire de tristeza impropio de un niño de su edad, que normalmente está alegre.

—Hola, Eduardo.

—Hola, Leo.

—¿Qué tal estás? ¿Te encuentras bien?

—Bueno, no tanto. En realidad, no me encuentro bien, lo más seguro es que tendré que dejar el colegio.

—¿Algún problema con los estudios? La última vez me dijiste que ibas muy bien y que había sacado siete notables, no habías suspendido ninguna.

—Es que tenemos problemas en casa.

—¿Alguien que se encuentra mal? —pregunté impacientemente.

—Han echado a mi padre del trabajo y dice que estamos arruinados.

—Muchas personas pierden su trabajo. Yo mismo he sido despedido en más de una ocasión y después he encontrado otro trabajo tan bueno o mejor que el anterior.

—Eso es lo que dice mi madre: que no hay que preocuparse, que no es culpa de mi padre, que la empresa ha perdido mucho dinero y ha tenido que cerrar por culpa de, como dice ella, «algún sinvergüenza».

—Me parece que tu madre ha dado en el clavo. No hay necesidad de preocuparse. Seguro que las cosas saldrán bien.

—Mi padre dice que no, que esto es la ruina, que no podrá seguir pagando nuestros estudios y que deberemos cambiarnos de casa si no encuentra trabajo rápido.

—Dale tiempo al tiempo —traté de tranquilizarle.

Eduardo siguió muy preocupado durante algún tiempo, sobretodo aquellos días en que la influencia del padre era más fuerte que la de la madre. El asunto del trabajo del padre se solucionó y Eduardo sigue en su misma casa, en el mismo colegio. Quizás sea ahora algo más temeroso de las cosas más comunes de la vida a partir de un día en el que su jefe-padre perdió el control.

Los actos del jefe tienen un significado relevante para la organización. El jefe debe asumir esta responsabilidad y saber que no puede pretender que quienes están a su cargo se abstraigan de lo que el jefe hace. El jefe pudiera escudarse en el derecho a su propia vida, el problema aparece cuando los actos están fuera de la estricta jornada laboral, pero en cambio, continúan en la órbita de su influencia.

El jefe que quiera ejercer plenamente como tal debe ganarse el respeto de sus subordinados y dejar para otro momento y otra compañía su innegable derecho a tener también sus humanas bajas pasiones.

«Pararemos aquí, sólo a tomar algo»
Protagonista: P
Puesto: Director General

Un grupo de ejecutivos viajan desde Madrid a Bilbao para rendirle cuentas a uno de sus más importantes clientes. Prefieren viajar en coche, la distancia no es excesivamente larga y son un total de cuatro, el coste de ir en avión es excesivo.

Los cuatro ejecutivos son del género masculino y todos ellos casados y con hijos. El jefe ha instaurado en la empresa una cultura de reinos de taifas, donde sólo él maneja información suficiente para que los directores de área puedan hacer su trabajo en plenitud. Ha elegido cuidadosamente a personas fieles, muy fieles, que se han convertido es sus siervos. Los tres ejecutivos que acompañan al jefe saben que él tiene todo el poder y ninguno de ellos podrá tener acceso al Consejo de Administración a quien este jefe reporta directamente.

Se han reunido con su cliente, las cosas no han ido mal. P es un experto en las relaciones con determinado tipo de clientes, aquellos que valoran mucha sumisión y grandes cantidades de papeles llenos de gráficos y números. Sus clientes son habitualmente de la Administración autonómica y necesitan sentirse importantes —por eso les gusta la gente sumisa—, y también necesitan sentirse seguros— necesitan muchos gráficos y números para que sus jefes se queden perplejos con tanta información.

Vuelven del viaje. Los cuatro están contentos. El jefe, P, lleva como siempre la voz cantante. Se acercan al kilómetro ochenta y dos de la carretera de Burgos. Sólo faltan quince kilómetros. Los tres ocupantes que acompañan al jefe piensan lo mismo: «¿Nos pararemos?», pero ninguno de ellos se atreve a preguntar, ni siquiera a hacer un gesto que pudiera desvelar cualquier preferencia. Los tres estaban al servicio del jefe.

A cinco kilómetros del ochenta y dos, P pregunta retóricamente: «Nos paramos, pero sólo a tomar una copa. ¿Os parece bien?». Los tres contestan afirmativamente, aunque no de forma sincera.

Las luces de neón verdes y rojas se ven a más de kilómetro y medio. Anuncian uno de los más famosos clubes de alterne de carretera, donde los cuatro tripulantes que vienen de Bilbao van a parar sólo a tomar una copa. El jefe y el Director de *Marketing* van por delante, ellos saben cómo acabará la noche. Los otros dos ejecutivos, de menor nivel, detrás hablando por el móvil con sus mujeres, intentan explicar que cenarán fuera de casa y que llegarán lo antes posible.

Los cuatro se acodan en la barra. Rápidamente, algunas prostitutas murmuran, la entrada de los cuatro clientes es bien recibida, hoy es mal día, pocos ejecutivos por la carretera. Cada uno pide su consumición y P toma la voz cantante:

> —Juan, coño, invita a esta preciosidad —le espeta a uno de los colaboradores, el más joven de ellos. No seas tacaño y cortado, que te ganas bien la vida y puedes permitirte el lujo
>
> —No traje dinero —le responde tímidamente Juan.
>
> —Yo te presto, no seas gilipollas. A estos sitios siempre hay que venir bien abrigado de billetes. Ya aprenderás.

Juan invitó a esta prostituta, que súbitamente se ofreció a hacer el amor, a follar. Juan le pidió de modo muy amable que le dejara.

P invitó a alguna prostituta y media hora más tarde desapareció. Lo mismo hizo el Director de *Marketing*.

Una hora y cuarto más tarde, P bajaba acompañado de su ligue, como él solía hablar de las putas con las que se acostaba, mientras Juan y Roberto, los dos ejecutivos más jóvenes, esperaban somnolientos.

Los cuatro llegaron a Madrid y se despidieron.

Al día siguiente, los compañeros de oficina de Juan y Roberto preguntaron si había habido parada en el kilómetro ochenta y dos, un sitio que en la empresa era conocido como «la choza del jefe». Más tarde, se interesaron por saber qué tal había ido la reunión con el importante cliente de Bilbao.

Antes de actuar, el jefe debe meditar lo que va a hacer. Los subordinados huirán del jefe que no sabe controlarse, les será difícil saber cuándo puede tener una reacción imprevisible, desproporcionada, que le haga inservible como interlocutor.

«Me das miedo»
Protagonista: yo
Puesto: padre

Mis padres fueron enormemente autoritarios, tanto que mi madre me pidió disculpas cuando ya tenía cumplidos los veinticinco por haber sido tan estricta durante mi infancia y adolescencia. Debo reconocer que en algunas ocasiones pasé miedo y que la comunicación, más allá de las cosas banales y profesionales (el cole), no existía. Eso sí, fueron extremadamente cuidadosos en cultivar en mi persona la importancia de la educación, el respecto y la honradez, lo cual les agradeceré toda mi vida, pues son éstos los ejes sobre los que he construido mi personalidad y mi existencia.

Me di cuenta al cabo de los años que la falta de cariño en la educación puede marcar la vida de la persona. Quizás no me percaté de este particular hasta que visité la consulta de Pedro Guilló, un psiquiatra al que acudí cuando había somatizado unos incómodos mareos. El Dr. Guilló me pidió que evocara mis primeros recuerdos de la vida:

—Entre esos recuerdos está que robaba en el colegio, le manifesté.

—¿Robabas?—preguntó sorprendido el psiquiatra.

—Sí, mis padres tenían la costumbre de comprarme pantalones de algunas tallas más grandes que lo que en realidad me correspondía, y esa circunstancia la aprovechaba para meterme en los pantalones cuadernos, bolígrafos o cualquier otra cosa que mis compañeros de clase tuvieran encima de la mesa.

—¿Cuántos años tenías?

—Cinco.

—¿Y que te decían tus padres?

—Yo les decía que mis compañeros me regalaban todas esas cosas y ellos estaban muy orgullosos de tener un hijo tan popular a tan corta edad.

—¿Y que ocurrió?

—Los padres de otros hijos se quejaron porque el material escolar desaparecía. La profesora preguntó si alguien había quitado este material y nadie respondió. Vi el peligro y dejé de robar.

—Está demostrado, no hay duda de ello, que los niños roban porque les falta cariño, sentenció el Dr. Guilló.

—No vayas por ahí. No me interesa el pasado para solucionar mis problemas del presente, le contesté con la voz temblorosa fruto de la emoción.

Por un simple mecanismo de defensa y para preservar nuestra autoestima, uno cree que la educación que ha recibido es satisfactoria y tiende a replicar en sus hijos lo recibido por sus padres, pues así se supone que el hijo se educará convenientemente.

Así hice yo, que fui educado con mucha más autoridad que cariño. Mi primer hijo, David, fue probablemente con el que más jugué de los tres hijos que he tenido. Yo tenía por aquel entonces más tiempo libre y menos aficiones a las que atender. Eso no fue óbice para que nuestra desequilibrada relación (como debe de ser) fuera aprovechada por mí para tratar de convertirle en mi réplica, mientras yo imitaba aquel comportamiento de mis padres, que no me gustó pero con el que indirectamente comulgaba por sentirme contento de ser quien era por esa autoestima a la que antes hacía referencia.

A David no le permitía que hiciera nada que me pareciera mal y fui enormemente agresivo con él. Incluso llegué a pegarle de forma excesiva, sin violencia, pero innecesariamente. Cada vez que aquello ocurría, sabía que no estaba bien, pero mi forma de educar estrictamente me hacía volver a caer en el descontrol y perder los nervios. Al niño no le quedaba más remedio que hacerme caso, estaba indefenso.

Con el paso del tiempo fui mejorando, pero seguía perdiendo el control en muchas ocasiones. Ya habían nacido Alfonso y Blanca, nuestros dos hijos pequeños, que se llevan cuatro y siete años de diferencia con David, respectivamente.

David se había hecho mayor y ahora no cabía lugar para que le pegara, pero sí, en cambio, para que le regañara de nuevo de forma excesiva. Ponía la más agresiva de mis caras, aquella que jamás hubiera puesto a ninguna persona de mi entorno, una cara llena de tensión, con los ojos desorbitados y la mandíbula desencajada. Durante años funcionó para lo que quería, para que mi hijo hiciera lo que yo le decía. Pero cada vez que esta escena me ocurría, acababa imaginándome a mí mismo con ese rostro fuera de control, sin ningún sentido para el propósito para el que había sido *diseñado*: la educación de mi hijo.

Ya nunca pongo esa horrible cara, ya no pierdo el control. Soy un mejor padre , o al menos así me veo, capaz de alimentar a mis hijos con lo mejor de mí y tratar de sacar lo mejor de ellos.

Fue a partir de aquel día en el que mi hijo me dijo: «Me das miedo».

Conclusiones
Quinto pecado capital: el jefe pierde su propio control

Los peores accidentes ocurren cuando quien está al frente de los mandos pierde el control.

Los más expertos navegantes recuerdan los episodios de mala mar en los que sólo su capacidad para mantenerse con la mente fría pudo evitar que la tripulación perdiera la vida.

Roger Federer, el mejor jugador de tenis de la historia, a entender de la mayoría de los expertos, dice que empezó a forjar su imparable carrera de éxitos cuando dejó de perder el control en la pista en aquellas ocasiones en las que fallaba y él se mostraba colérico consigo mismo tirando la raqueta o autoinsultándose. De hecho, ya casi nadie le recuerda así y, bien al contrario, nos maravillamos por su capacidad de controlarse incluso en los momentos en los que parece que su contrincante le está acorralando.

Muchos matrimonios acaban rotos porque uno de los dos pierde el control de sí mismo y produce heridas que no se pueden restañar, las cuales ya hacen irrecuperable la relación.

Los hijos recuerdan de forma especialmente traumática cuando sus padres han perdido el control en muchas de sus manifestaciones.

La capacidad de mantener el control es una de las características que un subordinado —sea empleado o hijo— espera de su jefe. La pérdida de control por parte del jefe hace que el subordinado pierda la confianza y se muestre temeroso ante la hipótesis de que el mismo suceso se repita.

El autocontrol («*self control*» en inglés, pero a menudo utilizado en otras lenguas) tiene su base en la madurez del individuo y en una sólida formación humanística.

La pérdida de control toma diferentes formas que sugiero clasificar en dos grandes grupos:

- Aquellas que vienen derivadas del agobio, del estrés, que hacen que el individuo pierda los nervios como resultado de una presión que no puede soportar.
- Aquellas que se producen como consecuencia de las tentaciones de las que estamos rodeados y que somos incapaces de controlar.

Son de naturaleza bien distinta, pero tienen efectos similares en la organización, bien sea la empresa o la familia.

En el primer caso, cuando el jefe pierde el control como consecuencia del estrés, queda desacreditado para quienes le rodean bien porque ha producido un temor a la organización, o bien porque su comportamiento es tan imprevisible que es incomprensible.

Recientemente, un jefe, un directivo español afincado en Londres, que además es padre, ha sido protagonista de una luctuosa noticia como consecuencia de la pérdida de control. Sometido a una gran presión en su trabajo, la cabeza le jugó una mala pasada. Al parecer, esa ansiedad y estrés le condujeron a golpear mortalmente a su hijo en un día en el que, probablemente, su cabeza se le perdió y en el que se convirtió en un ser que no era dueño de sus actos.

Sin llegar a estos extremos, es habitual que los jefes pierdan los estribos y se conduzcan a un aislamiento inevitable, pues se convierten en seres con los que es desagradable discutir, ya que no se sabe cuando se producirá esa pérdida de control en la que, además, hacen uso de su fuerza: el poder.

Otros muchos jefes pierden el control como personas y se convierten en un mal ejemplo para quienes les rodean. Los subordinados pueden o bien imitarles, puesto que consideran que lo que haga el jefe «está bien», o bien rechazarles, dado que creen que la actitud y conducta del jefe deberían ser «edificantes y ejemplares para la organización».

Como otras muchas personas, confieso que en muchas ocasiones he perdido el control, algunas de ellas confesables, otras muchas no.

He llegado a mi casa habiendo bebido mucho más de lo deseable en un padre de familia y, a pesar de poder mantener —eso sí a duras penas— una conversación, mi aliento me ha delatado. Hasta el punto de que mi hijo mayor me dijo en una ocasión en un tono irónico y mordaz que les puedo asegurar que me hizo avergonzarme: «¡Qué! ¿Has bebido mucha *Fanta* de naranja?»

He dicho muchas tonterías de las cuales después me he arrepentido y de las cuales he aprendido. Mis deslices no fueron fruto de la incontinencia verbal, lo fueron del descontrol de mi persona.

Conseguir lograr mantener el control es una gran cosa para uno mismo y para los demás. Como reza en la enorme frase con la que empieza este capítulo, sólo hay una manera de influir en los demás, y ése debe ser uno de los objetivos de cualquier buen jefe.

Algunos síntomas del jefe que pierde el control:

- Rueda por la vida sin destino.
- No cuida de su físico, ni de su psíquico. «No hay tiempo para ello.»
- Consume productos o servicios que no le sientan bien física o psíquicamente, pero ya no puede evitarlo.
- Sabe que sus actuaciones delante de sus subordinados no son convenientes, pero se siente incapaz de impedirlo.
- Se refugia en «Yo soy así» para argumentar las objeciones a las que terceros le someten sobre su comportamiento.
- Le gustaría salirse de la rueda, pero dice que no puede.
- No considera que deba ser el ejemplo de sus subordinados. «Que cada cual apechugue con lo suyo, que yo no soy el papá.»

Algunas sugerencias para el jefe que pierde el control:

- Usted que puede, saque partido a lo que tiene y encuéntrele un significado positivo para su persona y para los que le rodean.
- ¡Cuídese! No deje pasar ni un día más y encuentre el tiempo y la actitud necesaria para sentirse mejor.
- Si cree que su situación física es tan deplorable que le va a costar empezar, comience practicando yoga en un centro especializado. De forma inmediata su cabeza mejorará, y poco a poco, su estado físico le permitirá hacer otros ejercicios y deportes.
- Procure hacerle el amor[19] a su cónyuge o pareja. Recupere sentimientos perdidos.
- Si sabe que es malo, no lo haga. Sea tajante. Para ser eficaz al mando de los demás, hay que serlo en el mando con uno mismo.
- Los subordinados toman al jefe como una referencia. Sírvales como buen ejemplo y no cometa actos despreciables.

---

19 Le recomiendo el libro *Hago el amor con mi mujer, ¿es grave?* de Ángel Escribano, Ed. Almuzara, 2007, para saber cómo conseguir hacer el amor más frecuentemente con su mujer.

Sexto pecado capital

El jefe es resultadista
(antepone el resultado a hacer las cosas bien)

No hacerlo bien es un mal muy grande.
Adaptado de Jean Jacques Rousseau

Cuanto más alto coloque el hombre
su meta, más alto crecerá.
Johann Christoph Friedrich von Schiller

La mejor estructura no garantizará
ni los resultados ni el rendimiento,
pero la estructura equivocada
es garantía de fracaso.
Peter Drucker

Al bien hacer, jamás le falta premio.
Miguel de Cervantes

La búsqueda de una relación causa-efecto para todo lo que hacemos puede ser esclavizante y nada gratificante. Es conducirnos por la vida con la triste cantinela de hacer esto para que ocurra aquello. Perseguir obsesivamente el resultado nos maniata, nos limita: nuestros actos estarán restringidos sólo a aquellos que consideremos que van a dar fruto.

Afortunadamente, la vida es un misterio, y dos humanos pueden encontrar resultados radicalmente diferentes aunque aparentemente se dieran las circunstancias para que hubiese ocurrido todo lo contrario.

Uno de los más difíciles y mejores consejos que me han dado es: «Sé tu mismo», que es como decir: «Encuentra todo el placer que puedas en todo lo que hagas y no dejes que tu anhelo por un futuro mejor te convierta hoy en un esclavo».

Trabajar o vivir en una organización con jefes quienes sólo piensen en resultados, sin reparar en mejorar los medios y la estructura organizativa para conseguirlos, es descorazonador y muy desalentador.

La primera empresa es uno mismo.

«Después del máster ascenderé»
Protagonista: MM
Puesto: Jefe (mando intermedio) y estudiante del Instituto de Empresa

Ponerse a estudiar cuando uno ya ha empezado su carrera laboral tiene mucho mérito. Si uno cursa un máster, tendrá que sacrificar horas de sueño y muchos fines de semana.

Estudiar cuando uno ya está trabajando no debería ser una cuestión de necesidad. Se trata de un esfuerzo voluntario encaminado a mejorar profesional y humanísticamente.

Pero no todas las personas comulgan con esto que les digo.

MM es un mando intermedio de una empresa de distribución. Hace siete años que terminó sus estudios de Ciencias Empresariales y su jefe creyó que sería conveniente para él que realizara un máster en el Instituto de Empresa. Tendría que ausentarse de la oficina antes de lo que era normal y tendría su cabeza en más frentes, pero sería mejor que lo hiciera ahora que dentro de unos años, cuando quizás entonces sea imposible, pensó generosamente el jefe de MM.

A pesar de tener un buen jefe que había depositado su confianza en él, MM no tenía ningunas ganas de estudiar. Consideraba que tenía formación suficiente para ir mejorando profesionalmente. No quería contrariar a su jefe, él sabía que este sacrificio le reportaría sus resultados.

Me encontré con MM el primer día que llegué al Instituto de Empresa, corría el año 1990. Yo acudía al máster temeroso, con miedo de no saber estar a la altura de las circunstancias. MM era, en cambio, un hombre seguro:

—No creo que nos cuenten nada que no puedas encontrar en un libro. Esto de los másteres es una pequeña mentira. Yo quiero mi título para poder ascender, para eso me servirá estar un año aquí —decía presuntuosamente y con cierto desprecio a sus compañeros de grupo.

—Pues yo he venido aquí para aprender, que me apetece mucho. Simplemente para eso, para aprender — le dijo molesta otra compañera del grupo que tenía tanta seguridad y aplomo como él.

Un año tras otro llega el presupuesto que hay que cumplir. Vivir con esa constante «espada de Damocles» como única herramienta resulta demoledor, fatigante, deprimente.

Hay muchos jefes que viven pendiente de ese objetivo como el único o el principal. Es como ir al colegio o a la Universidad y tener como único objetivo aprobar. Aprender no importa para muchos.

Aprender es hacer las cosas bien, es el medio como se construye el fin: el aprobado.

Hacer las cosas bien y disfrutar con ese camino es el medio con el que se llega a conseguir el presupuesto.

«¿Y ahora qué?»
Protagonista: Gonzalo de la Cierva
Puesto : Presidente de *Movilisto*

Gonzalo de la Cierva es un empresario de éxito. Es muy rico en dinero, también lo es en admiradores profesionales y personales, al igual que en admiradoras por lo encantador y guapetón que es.

Gonzalo había vendido su empresa, *Movilisto*, a la británica *Itouch* por mucho, muchísimo dinero. Me imagino que aún es demasiado joven para retirarse y sigue trabajando para sus nuevos dueños, dedicándole mucho esfuerzo y tiempo a las nuevas labores que tiene encomendadas. A muchos de nosotros nos gustaría estar en *sus calzones*, sería una enorme tranquilidad no tener que pensar en dinero y poder tener aquello que uno desea. Y muchos de nosotros, los que no tenemos la oportunidad de tener que decidir al respecto, decimos, quizás a la ligera, que en caso de tener su dinero «dejaríamos de trabajar».

Un día le llamé para enseñarle un producto que yo había desarrollado junto con otro socio y le dije que me imaginaba que estaba muy contento con todo lo que había hecho.

—Pues no tanto. Esto es lo que siempre he deseado, pero una vez que llegas, te dices a ti mismo: «¿Y qué?» Ocurre lo mismo que cuando deseas un coche con todas tus fuerzas y cada vez que lo ves sientes la necesidad de tenerlo y estás seguro de que cuando finalmente puedas sentarte en él vas a morirte de felicidad. Pero una vez que lo tienes, estás dentro de él, miras a tu alrededor y te preguntas: «¿Y ahora qué?» Sí, está bien, pero tampoco era para tanto, te dices a ti mismo. El verdadero placer está en el camino que recorres para llegar al objetivo, no tanto en alcanzarlo —sentenció.

No conozco mucho a Gonzalo[20]. Pero esta simple y rica reflexión dice mucho, muchísimo de él, de su forma de entender la vida y, por tanto, también la empresa.

Quedamos en vernos. El mismo día de la reunión, compré en una librería *La conquista de la felicidad* de Bertrand Russell y antes de mostrarle lo que me había llevado a llamarle y reunirnos, estuvimos hablando sobre la felicidad. Nuestra conversación giraba en cómo hacerlo bien en la vida.

Gonzalo de la Cierva, inmerso en muchos y variados asuntos, nunca me habló de resultados. Me habló de cómo elabora el camino para conseguirlos.

Siendo el jefe de la organización, dirige al conjunto de las personas de la empresa para que su capacidad productiva esté enfocada a ese objetivo.

20 Es increíble el poder que tienen determinadas personas para transmitir mucho en pocos encuentros. Gonzalo de la Cierva es uno de los que conozco que tienen esa virtud. Yo me siento amigo de él, aunque sepa que no podemos serlo dado que apenas nos habremos visto en seis o siete ocasiones y nunca hemos intimado lo suficiente como para que nos consideremos amigos. Esa capacidad de Gonzalo hace que todas las puertas se le abran y que todos los que podemos intentemos llamar a la suya.

El dinero, maldito dinero.

Los aborígenes australianos, la tribu de los auténticos[21], dicen que no nos entienden. A nosotros, los de las economías ricas, nos llaman los mutantes. Dicen que inventamos el dinero para poder intercambiar, mejorar, facilitar nuestras relaciones y hemos conseguido que el dinero sea para todo lo contrario.

Dicen los de esta tribu que en vez de que el dinero nos ayudara a mejorar la relación entre nosotros, nos ha matado como personas.

El ansia de conseguir dinero hace que los jefes tomen decisiones equivocadas, que pueden afectar a la vida de sus subordinados.

«No voy a estudiar eso porque...»
Protagonistas: Lucía y Carlota
Puesto: madre e hija

Unas páginas antes, narraba el caso de tres hermanos muy maleducados por gracia de sus jefes, sus padres. Asimismo, revelaba la forma injusta con la que trato a aquellos niños que son tan ineducados, aunque poca culpa tengan de ello.

Hay otra escena muy repetida que debo confesar que me produce gran aversión y pena. Es aquella en la que el hijo repite, cargado de razón, una frase que su padre o madre le han dicho: «No voy a estudiar eso porque da poco dinero».

Estudié Empresariales en la Universidad Autónoma de Madrid no porque tuviera vocación empresarial, sino porque tenía vocación de ser rico. Si echo la mirada hacia atrás, estoy en condiciones de asegurar que hay un montón de cosas que modificaría de mi vida y, sin duda alguna, una de ellas sería la de dedicar tantos y tan buenos años de mi juventud a estudiar cosas que no me interesaban nada, ya que los conocimientos útiles que aprendí hubiera sido capaz de asimilarlos en menos de un año.

---

21 En el libro *Las voces del desierto* se narra la historia de la autora con la tribu de los auténticos. Es un relato real que enseña y recuerda cosas importantes de nuestros orígenes y que nos hace entender lo estúpidos que estamos siendo.

El padre o la madre que corta las alas de la imaginación del hijo que sueña estar metido en un laboratorio o filosofando, aprendiendo a escribir o a diseñar simplemente porque con «eso no vas a ganar dinero» es, a mi juicio, un resultadista que le convierte en un pésimo jefe.

–¿Y qué estudio, entonces? –pregunta Carlota, la hija.

– Pues algo que tenga salidas, que vayas a aprobar y que se gane dinero con ello. Pero no estudies eso, hija, que te vas a morir de hambre –responde Lucía, la madre

–¡Ah!, vale. ¿Derecho, Empresariales?

– Sí, algo de eso.

No dudo que esta madre quiera lo mejor para sus hijas, lo contrario no sería natural. Pero su capacidad de influir sobre ellas es tanta y su recomendación es tan cortoplacista que ha sido capaz de eliminar de la faz de la tierra una buena y feliz bióloga, un músico, un filósofo, una profesora o cualquier otra profesión que, según el parecer de la madre, no está bien remunerada. Como dijera Platón: «La libertad está en ser dueños de la propia vida».

La madre puso en sus hijas unos grilletes en forma de consejo que hizo que ninguna de ellas fuera dueña de su propia vida. Nunca más.

El jefe que tiene como objetivo hacer las cosas bien por encima de otra meta, tiene más papeletas para ser positivo y tener un talante optimista.

Para empezar, persigue un objetivo loable y eso le permite conducirse por su vida con una ruta definida. Transmitir que uno quiere hacer las cosas bien tiene mucho más fundamento que definir el objetivo en una cifra nominal o porcentual que representa los ingresos, la participación de mercado o cualquier otra cosa.

«¿Lo hemos intentado con todas nuestras fuerzas?» Protagonista: Pepe Monserrate Puesto: Presidente *Grupo Movierecord*

Este hombre existe, se llama Pepe Monserrate y ha sido mi jefe. Le he dedicado el libro, ya he escrito sobre él en otro relato y vuelvo a hacerlo en éste.

Porque Pepe me enseñó algunas cosas que jamás olvidaré. Y gracias a él tuve una suerte que quizás no hubiera tenido sin su aparición en mi vida. Eso nunca se sabe.

Pepe fue una persona con la que hablé algo de trabajo y mucho de la vida, aunque fuera lo primero lo que nos unió y después separó. Y, en el ejercicio de nuestra relación laboral, fue capaz de incorporar algunas ideas que se convirtieron en la filosofía de la empresa y en que algunos también adoptamos como filosofía para nuestras vidas.

Pepe era el Presidente y máximo accionista y yo el Director General, un ejecutivo bien pagado si había buenos resultados. Y hubo buenos resultados gracias a un Presidente que confiaba en el trabajo bien hecho. Lo demás es accesorio en relación a esta visión.

Como todas las empresas, teníamos un presupuesto que habíamos desarrollado a finales del año precedente. Y, como todas las empresas, hacíamos un seguimiento detallado de ese presupuesto.

Pepe decía de forma invariable, fuera bien o no el presupuesto: «Hagamos las cosas bien, de la mejor manera que creemos que sabemos hacerlas. Si las cosas después no salen, es que no ha podido ser».

Las cosas casi siempre salieron bien.

Esta forma de ver la vida, de dirigir a las personas transmitiendo una filosofía de un alcance ético que creo que todos suscribiríamos en cualquier ámbito de la vida, hacía que Pepe se rodeara de personas dispuestas a hacer las cosas bien, de la mejor manera que sabíamos hacerlas y con la mejor de nuestras disposiciones.

Y sabíamos que Pepe, el que más mandaba y el que más se jugaba, estaba satisfecho y tranquilo si las cosas no salían bien, pero lo habíamos intentado con todas nuestras fuerzas.

Y claro que poníamos todas nuestras fuerzas[22]. Gracias a ti, querido Pepe.

No suelen ser nuestras ideas las que nos hacen optimistas o pesimistas, sino que nuestro talante optimista o pesimista es el que hace nuestras ideas.
Miguel de Unamuno

22 Lo intentábamos con tanto empeño, con tanta pasión, que a veces nos pasamos de rosca. Hubo un momento en el que el estado físico flaqueó y algunos compañeros se pusieron enfermos. Nada grave, pero fue una señal. Pepe me pidió que «pusiera el freno». No es que yo hiciera trabajar a la gente contra su voluntad; simplemente, nos juntamos un grupo de personas que estábamos encantados de trabajar mucho, a veces demasiado, en un ambiente difícilmente repetible.

Las personas nos desanimamos cuando todo está centrado en el objetivo y sólo en el objetivo. Queremos, por naturaleza, hacer las cosas bien, sentir la utilidad de lo que estamos haciendo.

Muchos jefes matan esa ambición de los empleados, subordinando al resultado final toda la valoración del trabajo.

Ese cortoplacismo no hubiera permitido que grandes proyectos se hubieran ejecutado nunca, pero en cambio vive, a veces, instalado en la mente de jefes que se colocan en medio de la organización como un seto de espinos impidiendo el avance, la evolución.

«Hemos cumplido el presupuesto»
Protagonista: R
Puesto: aterrizaje en una empresa complaciente

R aterrizó en una empresa como consecuencia de la venta de la que él había fundado hacía cuatro años. Durante las conversaciones previas a la firma del contrato creyó que estaba tomando una acertada decisión, dado que se incorporaba a una organización especializada en varios servicios de marketing relacionados con las nuevas tecnologías, el mundo digital.

Se trataba de un sector apasionante y bastante desconocido para él. Sabía que debía asumir algunos cambios en su forma de organizarse. Aquí no había secretarias y personal de apoyo era escaso. El mercado de las nuevas tecnologías es muy cambiante y eso obliga a los principales ejecutivos de las empresas a tener mucha flexibilidad en la toma de decisiones, hasta el punto de aparentemente contradecirse en algunas ocasiones. R vio en este entorno una oportunidad. Presumía que así podría aportar sus ideas más fácilmente a la organización.

Lo primero que hizo en esta empresa fue intentar aprender del negocio y la organización de la misma. Llegó a una conclusión sencilla: la empresa estaba en el sector adecuado, pero en cambio estaba perdiendo la ocasión de aprovechar esta feliz circunstancia. R se dirigió a sus jefes y les ofreció una serie de recomendaciones. Entre ellas, se encontraban éstas:

- La empresa estaba en un sector de altísimo crecimiento y era vital rentabilizar la situación privilegiada de la empresa con tan pocos competidores. No hacerlo excelentemente haría que otros competidores que iban entrando en el mercado lo tuvieran mucho más fácil.
- R sugería que la dirección de la empresa valoraba su propia gestión en función del cumplimiento del presupuesto, y no lo hacía contra su posición relativa en el mercado y las oportunidades que éste le brindaba. Y esto era terrible para la empresa y para los que trabajaban en ella, que se volvían insoportablemente complacientes. La autocrítica era inexistente y la mancha de conformidad se había extendido desde su origen: el Consejero Delegado.
- R también ofreció detalles de lo que ocurría en el día a día y expuso con detalle algunos hechos que sucedían de forma recurrente en la empresa y que consideraba perjudiciales. Su crítica fue contestada por sus jefes con justificaciones, sin ninguna voluntad de modificar aquello que parecía objetivamente equivocado (Ken Blanchard[23] asemeja a los directivos complacientes, sin capacidad autocrítica y de mejora con el «graznido de un pato»: cuac, cuac, cuac. Según este autor y conferenciante, este tipo de directivos graznan cada vez más fuerte con el fin de defenderse de aquellos que les sugieren cambios para hacer las cosas mejor: «CUAC, hemos conseguido el presupuesto, CUAC, CUAC, CUAC. ¿Para qué hacer las cosas mejor? CUAC, CUAC, CUAC.»

Cada propuesta que R hacía para mejorar era tomada como una crítica destructiva. El cambio que necesitaba la empresa contaba con un enemigo, el jefe. Las propuestas tenían indefec-

---

23 Acudí a una muy buena exposición de Ken Blanchard en el *Expo Management 2007*. Creo que la mejor parte de su participación fue esta que ahora recojo para este ejemplo. Espero haber sido suficientemente fiel a lo que él quería expresar.

tiblemente una asegurada compañía como respuesta, «¿Cuánto cuesta?», antes de entrar a valorarla y ver sus consecuencias para la organización y su cuenta de resultados.

Los empleados no sentían los colores de la empresa, era imposible. Habían creado reinos de taifas que se correspondían a cada departamento o unidad operativa y sobrevivían con el buen clima que cada pequeño reino se había creado gracias a que los empleados eran buenos profesionales y personas.

Después de muchas propuestas y recomendaciones, R lo tiene muy difícil: la empresa sigue ganando dinero, cada vez más. Pero él cree que la contribución de la empresa como organización a los principios básicos de satisfacción del cliente, del empleado y de los accionistas es un auténtico fracaso.

R decidió irse de la empresa en febrero, con los presupuestos recién aprobados. R se dirigió a su jefe, sabedor ya de su nuevo destino.

—Es una pena lo que estáis dejando de ganar y es lamentable que tantas cosas se hagan mal. Te voy a dar tres datos que creo que a cualquier persona inquietarían: la empresa ha crecido menos que la competencia, se han marchado muchos empleados y tenemos continuas fugas de clientes insatisfechos.

—Eres un catastrofista. Hemos cumplido el presupuesto del año pasado y eso es lo que cuenta —le miró medio irónico y medio iracundo quien ya no era su jefe.

Algunos jefes tienen como prioridad hacerlo lo mejor posible. Parecen estar en todos los detalles que generan verdadero valor para el empleado, para el cliente, para el accionista.

Piensan a largo plazo, empeñados en hacerlo bien. Ésa es su satisfacción, que se traslada al resto de la organización, el gusto por las cosas bien hechas. Todo ello como preludio a un buen resultado económico, a clientes que llegan de la mano de otros clientes, a sentirse fuertes incluso en épocas de crisis porque, día a día, añaden barreras de salida a sus clientes y, consecuentemente, barreras de entrada a posibles nuevos competidores.

En la carrera por la calidad no hay línea de meta

Kearns

«Queremos tener una propuesta inapelable»
Protagonistas: Andrés Vera y Miguel Jacoby
Puesto: socios fundadores de *Think Smart*

Andrés Vera ha sido campeón de España de 800 y 1.500 metros. Participó en los Juegos Olímpicos de Los Ángeles en el año 1984, quedando séptimo en la final de 1.500 metros, que ganó un elegante corredor británico llamado Sebastian Coe, y con nuestro José Manuel Abascal subido al podio por haber alcanzado un tercer puesto.

Andrés procede de una familia humilde y, gracias al atletismo, pudo estudiar una carrera, después un máster y hoy es un apasionado y comprometido empresario de éxito junto con su socio Miguel Jacoby y otros dos socios más, los hermanos Mahave. Son propietarios de la empresa *Think Smart*, la agencia líder en España de programas de motivación para empleados y canal de distribución. Todo hecho partiendo de la nada, hoy con más de cien empleados y con sólo ocho años de existencia.

Para completar el perfil de Andrés, debo decir que es el primer universitario de su familia. Es un hombre muy educado, un excelente escuchador y su predisposición es la de aprender, a pesar de que tiene mucho que enseñar. Es, además, un hombre de convicciones, pues, cuando fundaron *Think Smart*, dejó un buen puesto de trabajo y su coche de empresa para empezar de cero. Tuvo que anunciar a su alarmada y embarazada mujer: «Durante al menos cuatro o cinco meses no cobraré».

Almorcé con Andrés, Miguel y un amigo común, Stanley Bendelac[24], y aunque se supone que me llamaron para que les ayudara en su negocio, ellos fueron los que me dieron una lección de lo que es un empresario y un jefe.

A diferencia de la gran mayoría de encuentros que tengo con personas que lideran organizaciones, no me hablaron prácticamente de números. Su propósito era hacer las cosas mejor, y eso que nadie las hace tan bien como ellos en su sector.

Durante el almuerzo definieron varias veces su propósito: «Queremos tener una propuesta inapelable para nuestros clientes. Si una empresa quiere hacer un programa de incentivos, queremos tener la mejor respuesta. Por eso, queremos tener personas que nos ofrezcan ideas que a nosotros no se nos pueden ocurrir».

También están, obviamente, trabajando para mejorar la rentabilidad económica de su trabajo, pero todo está enfocado en hacerlo bien; un objetivo que se transforma en una pasión que se respira cuando hablas con ellos, y eso que yo no soy candidato a ser cliente. Así pues, ¿cómo será todo cuando estén delante de sus clientes y empleados?

---

24 Stanley Bendelac es uno de los más importantes publicitarios de la historia de España. Fue fundador y Presidente de *Delvico* y después ejerció numerosos cargos en la organización mundial *Bates*, que en su día compró *Delvico*. Stanley es un ciudadano del mundo, nacido en Tánger, formado en París e Inglaterra y un ser muy querido por aquellos que le conocemos. Ha escrito un excelente libro con sus vivencias que también ha sido fuente de inspiración para este libro. Su libro se titula *Nunca tires la toalla*. Stanley, aunque te conozco poco, te quiero y te admiro.

Conclusiones
Sexto pecado capital: el jefe es un resultadista (antepone el resultado a hacer las cosas bien)

Nos conducimos por el ansiado objetivo del éxito, del resultado. Muchos buscamos desaforada y desestructuradamente tener éxito, que es equivalente a haber conseguido dinero. Ése es el resultado que perseguimos. Si has logrado dinero, has tenido éxito, de lo contrario eres un fracasado. Ésa es la lectura maniquea de muchos resultadistas.

Reproducimos con envidia y amargura (¿por qué no reconocerlo?) los millones de euros que un conocido consiguió cuando vendió su empresa. Nos preguntamos ¿qué debo hacer para conseguir éxito? La prisa nos acecha, queremos conseguirlo como sea. Nos aturullamos, queremos solucionar de cualquier manera *nuestro problema*, la ausencia de resultado, ya no importa cómo. «Si otros lo han conseguido, ¿por qué yo no?», nos cuestionamos.

Desear algo es loable y, además, hacerlo con empeño, con tesón, con firmeza, es aún más meritorio. Lo que es criticable y lamentable es perseguir un fin y no poner los mejores medios para conseguirlo.

Así ocurre en las empresas con jefes que sólo viven pensando en el cumplimiento del presupuesto, pegados a esta herramienta como lo están jefes en la familia al aprobado. Persiguen este fin –llegar al presupuesto, conseguir los aprobados– pero no se aseguran tener los mejores medios para conseguirlo o sobrepasarlo.

Todos caemos en las garras del deseado objetivo. Y la envidia también aparece como una de nuestras inevitables compañeras, queramos o no reconocerlo. Veamos.

«Uno de mis mejores amigos fue a casa de otro amigo común. Este último tiene un chalet de ensueño, de los que aparecen en las revistas de decoración. Grande, muy grande. Cara, muy cara de comprar... y de mantener. Algunos meses más tarde tuve la oportunidad de ir a esta mansión.

Unos días después de mi visita hablé con los dos.

Al propietario de la casa le hice saber que había quedado impresionado. Aunque más epatado me dejó su respuesta, con un tono marcadamente insatisfecho: 'Si tú supieras que casas hay'.»

Al amigo que primero había visitado la casa le hice partícipe de mi asombro por el tamaño de la casa y el buen gusto de la decoración. Y aún mayor fue mi estupefacción cuando me dijo: '¿Qué tiene nuestro amigo que no tenga yo? Con lo paquete que era en el colegio, para tener esa casa no debe ganar menos de 600.000 €'.

La búsqueda del éxito domina nuestras vidas. Mire cuantos libros hablan de cómo hay que hacer para conseguir éxito. Eso es lo que nos interesa. Contamos la historia de otros que tuvieron éxito, que ni siquiera conocemos ni nunca conoceremos, y tratamos de aplicarla a nuestra vida. Así argumentamos infantilmente que estamos haciendo esto o aquello porque le ya le dio buen resultado a Bill Gates, Steve Jobs, Amancio Ortega,...

El objetivo se transforma en el núcleo, en el asunto central, en lo único que se discute, y así tenemos a toda la organización (la empresa, la familia) contagiada por la *visión* del jefe: consigamos el objetivo.

Haber aumentado la facturación, la rentabilidad, el EBITDA[25], el ratio de..., vaya a saber Usted, es lo que domina la vida de muchos jefes que caen sepultados bajo este pecado capital.

Hacer las cosas bien, lo mejor que sepamos, exige paciencia, además de esfuerzo y dedicación. Y una visión más allá del corto plazo. Intentar hacer las cosas bien incluye aceptar el fracaso, la

25 EBITDA es el acrónimo de *Earning before interests, taxes, depreciation and amortization*. En castellano, «El beneficio antes de intereses, los impuestos, la depreciación y la amortización».

equivocación. Tal como dijera Woody Allen: «Si no te equivocas de vez en cuando, es que no lo intentas».

Los jefes y los padres resultadistas ganan por mayoría a los que piensan y actúan intentando hacer las cosas bien, que lógicamente no significa no fallar.

Es indudable que la empresa convive con la necesidad de hacer sus números, su presupuesto, pero tantas personas pensando sólo en eso tiene que ser malo para el progreso, para la salud y el bienestar.

Creo que perseguir sólo la consecución del resultado es pobre objetivo para todos los órdenes de la vida, alejado de lo que todos los filósofos nos han recomendado durante siglos: el amor, la pasión por las cosas que hacemos.

Que el éxito, el resultado, sea el objetivo central adquiere una especial relevancia cuando se trata de la educación de los hijos, dado que el gusto por intentar hacer las cosas bien puede estar reñido con la búsqueda de un buen resultado como fin único. Las nuevas generaciones están llenas de chavales que ya a muy corta edad han renunciado a tener una vocación porque la única que tienen es la de ser ricos.

Las grandes obras empresariales, artísticas y humanas fueron construidas pensando en hacer las cosas bien, excelentemente.

No puedo imaginar que a un escritor como García Márquez, cuando escribiera sus *Cien años de soledad* le dominara otro objetivo que hacer un gran libro. Dudo que pensara en el objetivo de vender millones de ejemplares y que ése se transformara en su *leit motiv*. Es imposible, pensando en el éxito, escribir con ese despliegue de arte e imaginación. Gabo sólo estaba pensando en escribir algo que le gustara, en hacer las cosas bien, en hacer una obra maestra. Como quizás sepa, García Márquez escribió esa obra a los cuarenta años y con una mala situación económica. O lo mismo les digo de Rowling, la autora de *Harry Potter*, sin un céntimo en su bolsillo y escribiendo esa maravilla de la literatura infantil, empeñada delante de su cuaderno en hacer las cosas bien.

Sólo cuando el jefe, el padre, el político saben que lo primero es intentar hacer las cosas bien, aparecen las mejores ideas y se respira un aire fresco en el entorno que posibilita que se entre en el camino de la felicidad.

Steve Jobs jamás habría conseguido fundar *Apple* si se hubiera conducido así por la vida. Steve Jobs no es universitario, aunque empezó una carrera. Se dio cuenta de que estaba tirando el dinero que sus padres adoptivos habían ahorrado con tanto esfuerzo para que Steve pudiera ir a la Universidad. Decidió, entonces, abandonar los estudios universitarios que había empezado. Mientras decidía qué hacer, estudió caligrafía y allí aprendió muchas cosas relacionadas con la tipografía.

Aprendió con tanto lujo de detalles a hacer algo que en ese momento parecía banal, fútil, estúpido si me lo permiten, que lo asimiló muy bien.

Cualquier persona que pensara únicamente en el éxito hubiera recomendado al joven Jobs que se dedicara a cosas más productivas y que le fueran a dar más dinero, que dejara de perder el tiempo con inútiles caligrafías.

Cuando decidió fundar *Apple*, una de las señas de identidad de los *Mac* eran sus cuidadas tipografías. Él mismo dice que, sin esos estudios de caligrafía, los *Mac* no hubieran sido lo mismo.

Steve Jobs eligió –ahora podemos decir que además acertadamente, aunque eso no es lo importante– hacer las cosas bien.

Si quieren maravillarse, emocionarse, reír y al mismo tiempo llorar desconsoladamente, vean en vídeo el discurso inagural de Steve Jobs a una promoción de la Universidad.

Hacer las cosas bien, satisfactoriamente, forma parte de la cultura de las organizaciones, que emana del primer ejecutivo.

Dicen que Emilio Botín manifiesta que una persona debe ser despedida no porque haga mal las cosas, sino porque no las intente. Que es como tratar de animar a las personas a que prueben, ensayen y experimenten en el camino de mejorar, de hacer bien las cosas.

Después, hay mandos intermedios en el *Banco Santander* que se encargan de cargarse esta visión del Presidente. ¿Por qué? Porque muchos sólo saben perseguir que se cumpla el resultado. Ésa es su vida.

Algunos síntomas del jefe resultadista:

- Los avances se miden en porcentajes de aumento (ingresos, beneficios). Es lo único que cuenta.
- Para contar con su patrocinio para abordar una mejora cualitativa y de procedimiento, debe llevar aparejada una clara contribución al beneficio. De lo contrario, no es útil.
- La satisfacción por haber conseguido el presupuesto desaparece con la llegada del nuevo ejercicio. Otra vez con lo mismo, se dice.
- Si los resultados fueron inusualmente buenos, no se pregunta cómo se consiguieron.
- Si los resultados fueron inusualmente malos, hay que trabajar más. No hay razón para pensar que si antes salían los números ahora no.
- El presupuesto (en la empresa), el aprobado (en el colegio, en la Universidad) es el fin, no hay otro.

Algunas sugerencias para el jefe resultadista:

- No podrá encontrar satisfacción en su trabajo. Un porcentaje, una cifra, un aprobado, es pobre objetivo para llenar la vida de una persona.
- Para llegar al objetivo, tiene que recorrer un camino. Procure disfrutar ese recorrido, recreándose en cada una de las etapas hasta llegar a la meta.
- Sus subordinados le agradecerán y aumentarán su productividad si Usted pone el énfasis en mejorar los medios para mejorar la

organización en el trabajo más que en vigilar estrechamente un archivo de Excel.

- Pregunte continuamente ¿qué se puede hacer para mejorar?, debata las propuestas y ponga en marcha las acciones que considere que pueden ser productivas.
- Tenga siempre una hoja activa de tareas a realizar. Cuando la revise, asegúrese que siempre haya mejoras relevantes entre sus objetivos.

Séptimo pecado capital

El jefe no despide a los empleados o directivos perjudiciales (o directivos C).

(El padre o madre no sabe deshacerse del entorno nocivo para sus hijos)

Más vale ponerse una vez rojo
que cien «colorao».
Refranero español

Si quiero obtener referencias sobre
una persona, nunca pregunto a sus
jefes, siempre intento conseguirlas
de sus subordinados.
José Ignacio Fano

Avanza hablando con verdad.
Llegarás más cerca de los dioses.
Adaptado de Buda

Cuando el jefe se encuentra cómodo con un subordinado y valora más su fidelidad que las posibles incomodidades que pueda estar produciendo en la organización, es posible que haya problemas.

Es lógico que un jefe pueda pensar que cómo va a despedir a una persona que se porta bien con él. Pero ese pensamiento es miope. Esa miopía es consecuencia de interpretar que el subordinado está para servir al jefe. Éste, a pesar de saber de la actitud nociva del subordinado para la organización, antepone su comodidad al interés general.

La miopía y la desidia hacen que un mando intermedio destructivo y que no permite que otras personas dependientes de él sean productivas, no sea despedido por su superior.

Hay muchos mandos con mucho poderío en su plaza que trabajan para su jefe más que para las personas que trabajan con él y por ello no son despedidas, aunque bien lo merecieran.

¿A que Usted conoce más de uno y más de diez?

«No entiendo cómo no lo ven»
Protagonista: Ruth Merodio
Puesto: Directora de área. Depende del Director General.

Creo que una de las cosas más frustrantes que uno puede vivir como empleado es saber que la empresa en la que está trabajando es la adecuada, que los compañeros son los adecuados, pero... que el jefe no lo es. Y esta circunstancia eclipsa todas las demás.

Ruth trabajaba en una empresa líder en su sector. Se dedicaba a la venta de espacios publicitarios para unas emisoras de radio. Su relación con los locutores y directivos de la radio era estupenda y productiva. El trabajo ocupaba casi todo su tiempo. Ella es soltera y su ocupación le apasionaba.

El Director General de quien ella era subordinada había sido nombrado por el Consejero Delegado del grupo al que pertenecía tanto la radio que ella vendía como la empresa dedicada a la venta de espacios publicitarios donde ella trabajaba.

No tuvo que pasar mucho tiempo para que el conjunto de la organización, prácticamente sin excepción, supiese que el nuevo Director General era un desastre en todos los aspectos.

El Director General había propiciado con su actitud que las diferentes unidades dentro de la empresa no colaboraran entre sí. Su desconocimiento sobre el sector, unido a su escasa capacidad de escucha, hacía que sus tajantes decisiones fueran equivocadas y sin opción a ser rebatidas.

Las cosas no funcionaban bien, era cuestión de poco tiempo para que el sentido común hiciera que se le buscara otro destino a este Director General o fuera simplemente despedido de la organización. Estaba haciendo mucho daño.

«Me han dicho que le van a echar, pero al parecer no es tan fácil», me decía Ruth al mismo tiempo que me narraba los desastres de su empresa.

Algunos meses volvía a encontrarla.

—¿Sigue el inútil de tu jefe? —le preguntaba.

—Sí, sigue. No sé cuánto le quedará. No entiendo cómo no lo ven. Estamos perdiendo el crédito delante de muchos clientes por culpa de sus decisiones. La radio está cabreada y esto sigue igual. Seguro que le van a echar.

Cinco años de desastres, de fugas de personas muy valiosas a otras organizaciones competidoras, de clientes insatisfechos. Cinco años después de su entrada en la empresa, el Director General fue aparcado a un puesto donde no podía hacer daño, o al menos no tanto. Sólo dos personas dependerían de él.

Mi amiga Ruth había dejado la empresa un año y medio antes. Y, cuando recordamos su paso por esa organización, sigue diciéndose: «No entiendo cómo no lo vieron antes».

El jefe que dirige a otros jefes debería pensar antes en los clientes y los empleados de menor categoría que en los directivos o mandos intermedios que dependen de él.

La misión de cualquier persona en una organización, y más cuando se trata de una con mando sobre otras, es lograr que todo gire, funcione adecuadamente.

Cuando una persona se convierte en el palo que impide que la rueda gire, debe ser advertido, avisado y dirigido, para evitar que el daño que produce siga. Y en el caso de que no se consiga que la persona logre participar de forma positiva, debe ser despedida. Por el bien de todos. Sin aplazamientos.

Despedir a una persona no es un asunto agradable, pero a veces se convierte en un hecho necesario. Y hacerlo en su debido momento es una decisión inteligente, normalmente buena para todas las partes, incluso para el despedido, que así se verá en su nueva situación y tendrá que actuar forzosamente para lograr un empleo en otro entorno quizás más apropiado y favorable para él.

«Habla tú con él»
Protagonista: JF
Puesto: Director de *Marketing*

JF era el Director de *Marketing* de una empresa que se dedicaba a la venta de *software*. La principal función de su área era la de facilitar el camino al equipo comercial, proporcionándoles herramientas que hicieran sus servicios más atractivos y realizando acciones que permitieran que la dura tarea de convencer a los clientes se viera algo allanada.

Lejos de que esto ocurriera, JF estaba enfrentado con el equipo comercial, y además criticaba continuamente lo que ocurría en su empresa. En definitiva, hubiera sido mejor que no estuviera allí. Era un lastre.

El Director General de la empresa, jefe de este Director de *Marketing,* sabía desde hace mucho tiempo que JF estaba haciendo un mal trabajo. De hecho, le quitó unas atribuciones que antes tenía encomendadas para cedérselas a otro compañero. Tampoco le pagó una retribución variable que JF tenía estipulada y que estaba vinculada a una valoración cualitativa. JF, además, notaba que su jefe le estaba dejando de hablar, y se sentía incómodo por ello.

El resto de la organización era consciente de la escasa aportación que JF hacía, siendo su función de enorme importancia para la empresa. Y sabían que sería conveniente que JF dejara la empresa. Llevaba dos años en esta misma situación.

La llegada de un nuevo directivo, que debía asumir la responsabilidad de las áreas de Ventas y *Marketing*, propició un cambio. A partir de ahora, él sería el jefe inmediato de JF. Fue informado de la mala valoración que su nuevo subordinado tenía.

—¿Se lo has dicho? —le preguntó el recién llegado al Director General.

—Sí, claro — dijo el jefe escondiendo la realidad.

—¿Por qué no le has despedido? —preguntó de forma directa.

—Estuvimos muy liados con otras cosas —titubeó el Director General saliéndose por la tangente.

—Voy a intentar que JF haga bien su trabajo. De lo poco que le conozco, creo que es recuperable y nos podrá ser de utilidad —valoró el nuevo directivo.

—Tú verás —dijo el Director General delegando la responsabilidad en su flamante subordinado.

Al cabo de tres semanas, el nuevo directivo ya había tomado una decisión: JF no le servía. Creía que JF había acumulado demasiado rencor contra la organización y era incapaz de mirar hacia delante y priorizar los asuntos que resultaban más importantes para la empresa. Así se lo hizo saber al Director General, que pareció aliviado por esta decisión. Su nuevo directivo la había ejecutado por él.

Cinco años después de su incorporación a la empresa, dos años después de que su Director General supiera que JF no encajaba en la organización, éste abandonaba la empresa pensando cuánto tiempo había perdido.

La tarea de despedir a personas que resultan perjudiciales para la organización tiene también su aplicación en el ámbito familiar. Los que pueden hacer daño a su entorno no deben disfrutar de ningún miramiento y la prole del jefe debe ser alejada de aquellos que pueden influir negativamente en el futuro de quienes más queremos.

Hay jefes que pecan de contemplativos, y quienes dependen de ellos sufren en sus propias vidas las consecuencias.

«Quizás ya no tenga solución»
Protagonistas: Juan, Abel, Rosario y Pedro
Puesto: un padre, una madre y sus respectivos hijos

Muchos hijos tienen la mala fortuna de haber nacido en un contexto poco apropiado para su educación: episodios de violencia doméstica, problemas de drogas y alcohol o excesivas penurias económicas condicionan enormemente su desarrollo.

Otros muchos hijos tienen la fortuna de nacer con todo lo deseable para poder formarse como personas: padres cariñosos, un buen colegio, dinero suficiente para poder atender algo más que sus necesidades primarias. Si se cuenta con tanto viento a favor y el niño no nos está saliendo bien, quizás sea el momento para la autocrítica. Algunas actitudes de los padres que resultan dañinas para sus hijos ya han sido contadas en este libro. Ahora les sugiero una más, relacionada con este pecado capital del jefe.

Conocí en la cola de los juzgados de Plaza de Castilla, en Madrid, a un padre y una madre que iban acompañados de sus hijos. Dado que yo iba por una cuestión relacionada con mi empresa, pensé que quizás ellos fueran por un asunto parecido, pues supe por su conversación que no eran pareja.

Una vez que la madre hubo entregado a una funcionaria el telegrama que acreditaba hacer recibido una demanda. Yo hice lo propio. El padre también iba a entregar otro telegrama. Le pedí disculpas por haberme colado. «Pensaba que iban juntos», le dije e informé a la funcionaria del correcto orden de llegada.

Otra funcionaria llamó a uno de los presentes y uno de los hijos se levantó. Casi al mismo tiempo, la madre hacía lo propio preguntando a esta funcionaria si podía acompañar a su hijo, para lo que obtuvo una respuesta afirmativa.

> *–Es por un juicio de faltas. Ha sido demandado por injurias y violencia por... –y dijo el nombre del demandante. En cualquier caso, dado que tanto el demandante como el demandado son menores, este expediente debería estar en el Juzgado de Menores –explicó la funcionaria.*

Lo mismo ocurrió con el otro hijo acompañado por su padre. Los dos adultos tenían una excelente educación y sus hijos se notaba que no. Los dos adultos parecían alienígenas para sus hijos, no había punto posible de conexión entre ellos. Tal era la distancia que entre padres e hijos se respiraba.

Al salir del juzgado, los padres estaban despidiéndose entre sí y los hijos iban a iniciar un día de fiesta con sus amigos, era viernes. Los padres protestaron, pero nada hicieron o pudieron hacer para retenerles, ya que su falta de autoridad era total.

Tuve la suerte, entonces, de entablar conversación con el padre, que estaba algo abatido.

> *–¿Problemas con el niño? –empecé la conversación.*
>
> *–Y que lo digas. Ya no sé si esto tiene solución.*
>
> *–¿Cuántos años tiene tu hijo?*
>
> *–Dieciséis.*
>
> *–¿Cómo empezó todo? –pregunté tímidamente, pues me parecía algo atrevida y comprometida esta cuestión.*
>
> *–Pues en el colegio, con amigos que no son los apropiados y que incitan a cambiar el comportamiento. Hasta entonces todo había ido razonablemente bien.*

—¿Pudo haber alguna solución?

—Claro que sí. Tenía que haber elegido entre satisfacer a mi hijo o eliminar sus compañías motivándole para ello, o bien cambiándole de colegio. Creo que si lo hubiera hecho bien desde el principio yo habría resultado vencedor. Pero dejé pasar el tiempo y, como te decía, quizás esto ya no tenga solución.

Conclusiones
Séptimo pecado capital
el jefe no despide a los empleados o directivos perjudiciales (o directivos C).
El padre o madre no sabe deshacerse del entorno nocivo para sus hijos

Esta información salió publicada en el periódico *El País*:

> «Terence Mitchell y William Felps, de la escuela de negocios de la Universidad de Washington, en Seattle, han publicado en la revista Research in Organizational Behavior un estudio que confirma que basta con que haya `una mala manzana' entre un grupo de trabajadores 'para echar a perder el resto del barril', es decir, dañar el ambiente en la compañía.
>
> La actitud negativa de un individuo puede prevalecer sobre el comportamiento positivo del grupo. Y el problema se agrava en función de la veteranía y del puesto del empleado en cuestión.»

La capacidad del jefe para detectar y eliminar a estos empleados o directivos perjudiciales debería ser una de sus inexcusables virtudes. Pero muchos jefes no lo hacen y cometen, por esa omisión, este pecado capital.

Aunque la reseña del periódico *El País* habla sólo de malas manzanas y por lo tanto hay una carga peyorativa en esa calificación, creo que muchos casos en los que «la cosa no funciona» es consecuencia de que las personas no necesariamente encajamos bien en todos los sitios, como no hacemos amistad o pareja con todos los individuos con los que nos vamos encontrando por la vida.

La mayoría de los humanos, excepción hecha de aquellos que su maldad y comportamiento les hacen imposible aportar nada positivo a ningún tipo de sociedad, podemos desarrollar con normalidad muchos trabajos en diferentes organizaciones. La cuestión es evitar a aquellas empresas en las que, por la razón que sea, no sean útiles para nosotros y el empleado para ellas.

En dos ocasiones de mi vida profesional forcé a mis empleadores *para llegar a un acuerdo con ellos*. Sabía que mi estancia en la empresa iba a hacerme daño a mí y quizás con el tiempo también a mis compañeros. Ambos casos eran, a mi juicio, batallas perdidas de las que preferí salir lo antes posible.

También he tenido que despedir a unas cuantas personas, nunca por razones económicas, sólo por razones asociadas a su desempeño. Sólo en una ocasión lo hice a la ligera, de lo que me arrepiento mucho (perdón, mil perdones, Carlos Losa). Y creo que en todas las ocasiones hice un gran favor a la empresa que me pagaba y también al empleado despedido. Con algunos de ellos tengo una excelente relación, con otros la perdí. De nadie me siento enemistado (aunque, lógicamente, lo justo sería preguntarles a ellos), salvo de un individuo que expulsé de la organización por su comportamiento vejatorio hacia sus compañeros.

El jefe que tarda años en tomar la decisión de echar a un mando, a un directivo o empleado perjudicial, hace un flaco favor a sus compañeros, a la empresa y a la persona que aporta negativamente a la organización.

La desidia y el miedo a enfrentarse a esta realidad es el verdadero enemigo del jefe. Jamás debe olvidar que en el ejercicio de su jefatura se debe a sus empleados, tanto o más que a cualquier otro colectivo, y que la permanencia de un mando intermedio que dificulte o entorpezca a la organización es simplemente mala, nefasta.

Detectar a un mando perjudicial para la organización es fácil, pero requiere un mínimo trabajo: preguntar y escuchar a las personas que trabajan con él o ella. En caso contrario, la percepción será que ganan los malos, los que fastidian, y los buenos no verán motivo para no imitar a aquellos que no ayudan.

Por eso he traído al principio de este capítulo la frase de José Ignacio Fano, Director de *Media Advertising*, en la que decía que, si quería obtener buenas referencias de una determinada persona, siempre preguntaba a los subordinados, nunca a los jefes.

Esta misma reflexión sirve también para el entorno familiar y académico. La rapidez con la que el padre o madre y el profesor eliminan a aquellos que hacen de líderes negativos sobre sus hijos y estudiantes va a determinar en buena medida su eficacia en su labor de influir sobre aquellos que son sus subordinados en ambas organizaciones (familia y colegio).

Síntomas de los jefes que no despiden a jefes o empleados perjudiciales:

- Se siente únicamente responsable de los subordinados directos y no de los que dependen de éstos.
- Cuando observa que una persona está dificultando el funcionamiento normal de la organización, y habiendo sido avisado reiteradamente, no actúa de forma inmediata eliminándolo de la organización.
- Seleccionar, observar, evaluar y eliminar no forma parte de sus prioridades.
- No da suficiente publicidad a los motivos que causan el despido, lo cual provoca incertidumbre por desconocimiento en la organización.

Sugerencias para los jefes que no despiden a jefes o empleados perjudiciales:

- El trabajo de jefe lleva implícitas algunas tareas desagradables. Asúmalas.
- Los problemas están para ser solucionados. Algunas veces los problemas son las personas.

- Si observa que alguna persona se ha convertido en un problema, manifiésteselo de forma clara, ordenada y contundente. Hágale las recomendaciones pertinentes y señálele el camino que desea que recorra. Prepárese a fondo esta conversación.
- No dilate innecesariamente lo que sabe que deberá ocurrir. Eso es puro egoísmo, que terminará perjudicando a la persona que deberá abandonar la organización, al resto de empleados y a los clientes. Sólo beneficiará a sus competidores.

Octavo pecado capital

El jefe no piensa primero en los clientes

Las personas no trabajan para la empresa, trabajan para otras personas.
El padre de Marlo Morgan, autora de *Las voces del desierto*

Lo primero es lo primero y lo segundo viene después.
Escuchado ene

Cuando los clientes nos enfadamos, llevamos nuestra ira contra el vendedor, la azafata o el camarero. En muchas ocasiones estos interlocutores carecen de responsabilidad en lo que ha producido nuestro desaire. Ellos están simplemente interpretando las instrucciones del jefe.

«Ya le dijeron que estaba ocupado» Protagonista: Óscar Puesto: dependiente de *Orange* en *Carrefour*

Me acerqué con mi hijo Alfonso al *Carrefour* de Villalba (Madrid) con el ánimo de recoger un teléfono móvil de *Orange*, como consecuencia de una promoción en la que habíamos participado. Ya había ido en dos ocasiones anteriores. Una vez por problemas logísticos, y en otra ocasión, por enfermedad del dependiente de Orange, no pudimos conseguir el anhelado objetivo de mi hijo: su primer teléfono móvil.

Cuando llegué por tercera vez (tercera semana consecutiva) al *stand* de *Orange*, entregué a una dependienta la cartilla que habíamos rellenado y que acreditaba que habíamos cumplido los requisitos de la promoción.

> —El encargado de Orange vendrá dentro de cuarenta y cinco minutos —me dijo.

Reaccioné iracundo. Le dije que quería que me atendiera el jefe de planta y que inmediatamente llamaría a *Orange* para quejarme.

Rápidamente, alguien de la tienda fue a buscar al dependiente que al parecer estaba en el almacén haciendo alguna otra labor.

A su vuelta, la persona que había ido en busca del «vendedor perdido», me dijo que éste tardaría unos quince minutos.

—Sé que no debe ser su culpa —le dije ciertamente crispado, enervado, casi fuera de mí—, pero quiero que me atienda ya, inmediatamente —y volví a decir que quería ver al jefe de planta, disponiéndome a hacer la llamada a Orange que antes no había iniciado.

El dependiente llegó raudo y veloz desde el almacén cuando fue informado de que la amenaza estaba a punto de hacerse efectiva.

—¿Qué quiere? —me preguntó el vendedor.

—Que me atienda —le respondí en un tono displicente y enfadado.

—Ya le dijeron que estaba ocupado. He tenido que pedir permiso a cuatro jefes para atenderle.

—A la primera persona que Usted se debe es a su cliente y no a sus jefes —le dije. Entiendo que no es su culpa, pero sí la de sus jefes.

El dependiente de *Orange* intentó defender lo indefendible. Defender a unos malos, pésimos, jefes.

El jefe que no piensa primero en los clientes es capaz de mirar lejos del día a día de la empresa, hasta el punto de sentirse incómodo cuando se abordan asuntos que considera peyorativamente como domésticos, terrenales.

Subido en su particular atalaya, tiene una visión de la realidad bien diferente de aquellos que, «pegados» a la dura tarea diaria de satisfacer a los clientes, tienen que soportar las razonables quejas que en la prestación del servicio se producen.

«El mercado nos penalizará»
Protagonista: Paul Smith
Puesto: Director Financiero, depende del Consejero Delegado

Paul Smith es Director Financiero de una mediana empresa de alemana que cotiza en Bolsa, en un pequeño mercado específico para pequeñas y medianas empresas.

Paul tiene un papel muy relevante dentro de la organización, es la persona que debe preparar todos los estados financieros según pide el regulador del mercado. Se le presupone conocer los entresijos de la Bolsa y qué es lo que el mercado premiará y penalizará con sus compras y ventas de acciones respectivamente.

Tanto Paul Smith, Director Financiero, y Sandra Verk, Directora de Operaciones, dependen de un Consejero Delegado que toda su vida fue un ejecutivo orientado al cliente y que hoy en día presta más atención a lo que puede dar valor a la acción que lo que puede dar valor a los clientes.

Una reunión precipitó la marcha de Sandra, que entre otras responsabilidades tenía las ventas de la empresa. Ella sabía de la importancia que había tenido la salida a Bolsa. Gracias a ello, la empresa pudo captar más de catorce millones de euros en una ampliación de capital que fue muy exitosa. El núcleo fundador que aún permanecía en el accionariado quería expandir la empresa a otros mercados. A pesar del beneficioso impacto que en la compañía tuvo la salida a Bolsa, ésta fue la culpable de la salida de Sandra:

Sandra: Los clientes se quejan, nuestro servicio es muy malo. Perdemos más del 15% de las llamadas y en muchas ocasiones tienen que esperar mucho tiempo para ser atendidos. Los comerciales tratan de ayudar en este empeño perdiendo inútilmente su tiempo –argumentó durante el Comité de Dirección para pedirle al Consejero Delegado que autorizara un aumento en los recursos con un coste de 32.000 € que permitirían mejorar sustancialmente el servicio que la empresa ofrecía a sus clientes.

Paul Smith (como si no hubiera oído lo que Sandra reclamaba): Estuve el otro día con Jürgen, nuestro contacto en la Bolsa. Dice que los analistas están empezando a valorar más las empresas en términos de rentabilidad que por incrementos de la facturación. Nuestra rentabilidad sólo ha crecido dos puntos porcentuales, por debajo de la media del mercado –se le ocurrió decir al Director Financiero sin que en realidad viniera a cuento.

Consejero Delegado: Sí, debemos mejorar nuestra rentabilidad. Para ello debemos tener más cuidado con los costes —dijo mirando a Sandra que se dio por aludida.

Sandra: Si te refieres al gasto que te pedía antes, te puedo asegurar que será amortizado con el tiempo que nuestros comerciales tendrán para hacer su trabajo, y los clientes no se sentirán insatisfechos porque no pueden localizarnos. Te podría dar la lista de algunos gastos que no aportan tanto valor al cliente y en cambio incurrimos en ellos –dijo molesta.

Paul Smith (de nuevo desinteresado por lo que Sandra decía): ¡Ah!, y otro ratio fundamental es la productividad por empleado. Jürgen insistió que esto está muy bien visto y que los analistas lo valoran mucho. De lo contrario, el mercado lo penalizará –seguía a su aire, sabiendo que era este el tema que realmente le interesaba a su jefe.

Consejero Delegado: Tenemos que conseguir lo que dice Jürgen antes de que termine el semestre –sentenció.

Sandra: Claro que sí –ironizó, pensando cómo podría salir de la empresa, como finalmente ocurrió.

Si tuviéramos la capacidad de tener un ojo virtual que nos metiera en las reuniones donde los jefes deciden lo que otros van a hacer, veríamos que el cliente no es el protagonista de muchas de esas reuniones. Aunque bien merecerían serlo.

Los clientes esperan normalmente cosas que son de puro sentido común y que a veces los jefes, encerrados en sus despachos, son incapaces de percibir y sentir, simplemente porque están enfrascados en otras tareas que les hacen sentirse más poderosos.

A veces parece que el jefe no estuviera dispuesto a «ceder» ese poder a quien realmente lo tiene y para el que su empresa ha sido creada: el cliente.

«¡Reunión!»
Protagonista: Lourdes Mateos
Puesto: Jefe de Sección en un Centro Comercial, depende de la Directora del Centro

Conocí a Lourdes hace veinte años. Lo que más me gustó de ella fueron sus apasionados relatos relacionados con los clientes a los que atendía. Era capaz de retransmitir con todo lujo de detalles lo que había hecho para conseguir que el cliente se fuera satisfecho.

Cuando Lourdes fue contratada en el Centro Comercial en el que aún sigue trabajando, recibió el encargo de ocuparse de una de las nuevas tiendas que se abrían, en las que se venderían complementos de una afamada marca británica. Todas las horas que trabajaba las dedicaba a estar en la tienda, a coordinar los turnos de sus compañeras y, una vez cada mes, a solicitar un pedido al proveedor que, previamente, le mandaba el catálogo con los nuevos productos de cada temporada.

Con el paso del tiempo fue promocionada a Supervisora de Tiendas y, posteriormente, a Jefe de la Sección de complementos. Su trabajo estaba cada vez más alejado de su pasión, el cliente, y más cerca, en cambio, de un trabajo de oficina. Su función era ahora la de velar por el correcto funcionamiento de seis tiendas.

El día que fue ascendida a este nuevo puesto llamó a sus amigos más íntimos para celebrar su importante novedad laboral.

—Estoy segura de poder cambiar muchas cosas en las tiendas. Conozco bien lo que los clientes quieren: productos bien expuestos a los que sea fácil acceder y vendedores serviciales que les hagan notar que su dinero es importante para la empresa. Tan sencillo y tan difícil como eso —me dijo durante la fiesta a la que nos convocó.

Tres meses después de ese encuentro, volvimos a quedar y Lourdes era otra persona. Su motivación en el trabajo había sido destruida por su jefa.

—Me estoy dedicando a un trabajo totalmente improductivo, que es atender a mi jefa más que a los clientes. Ella quiere sentir que la organización está pendiente de ella. Me pide información que después no utiliza y nos convoca continuamente a reuniones en las que no se habla de lo principal: la satisfacción de los clientes y cómo venderles más. Las vendedoras que tengo a mi cargo sufren las consecuencias. Me piden cosas sencillas que no puedo conseguir y que harían que su trabajo fuera más productivo. En más de una ocasión he tenido que dejar de hacer el trabajo para el que entiendo que he sido contratada porque la secretaria de la jefa llama histéricamente: «Sube, que hay reunión».

Hay jefes que quieren estar siempre en el centro de atención. Todo lo que les aleja de ese foco tiene para ellos una importancia relativa.

Todo lo que no hayan visto ellos no tiene ningún valor. Son capaces de hablar por boca de los clientes de una forma tan poco profesional como «La gente quiere esto o lo otro» o «A mí no me gusta» o «Me han dicho que...», recogiendo una opinión de su entorno familiar.

Como se creen el centro del mundo, ellos son lo primero y después viene lo demás.

Es esta «enfermedad» la que da origen a muchos de los pecados capitales del jefe.

Le reitero que la esencia de los casos que aquí se cuentan son reales, aunque a veces quizás cueste creerlo.

«Mi jefe no ve la publicidad»
Protagonista: Gabriel Sánchez
Puesto: Director de *Marketing*, depende del Director General

Este director de marketing había preparado cuidadosamente la campaña de publicidad en la que se comunicaba un lanzamiento importante para la empresa en la que trabajaba.

La creatividad de la campaña había sido aprobada en el Comité de Dirección y ahora sólo hacía falta que saliera al aire y esperar la reacción de los consumidores. Una vez que esto ocurriera, en setenta y dos horas tendrían información bastante detallada sobre los primeros resultados de las ventas.

Los días previos al lanzamiento de la campaña se respiraba la tensión en toda la organización. Siempre hay detalles de última hora que obligan a muchas personas a dormir poco durante esas jornadas.

El día clave llegó y la campaña fue un éxito. Gabriel Sánchez, el Director de *Marketing*, estaba muy orgulloso con el trabajo de su equipo y se dirigía con todos ellos a uno de sus restaurantes favoritos, en el que sabía que disfrutarían de una larga y merecida sobremesa.

Cuando salía de la empresa, la recepcionista de la empresa se dirigió a él:

—Gabriel, el jefe te anda buscando. Me ha dicho Mayte (la secretaria del Director General) que es importante.

—Chicos, subo un momento y os veo en el restaurante. No os emborrachéis demasiado. Esperadme, *capullines*, que os conozco y me dejáis sin gota —se dirigió a su equipo afablemente, como solía hacerlo.

Aún no había recibido ninguna felicitación del Director General y, mientras subía a su despacho, iba musitando las palabras con las que respondería a los elogios que esperaba recibir.

—Gabriel, ¿no me dijiste que el 43% de la inversión de esta campaña estaba en exterior[26]?

—Así es —le respondió sin entender adonde conduciría esa pregunta.

—Es curioso, pero ni mi mujer ni yo hemos visto una puta valla de esas que tanto dinero nos cuestan —dijo el Director General en un tono disgustado.

—Te envío la relación de emplazamientos. Te puedo asegurar que los hemos elegido cuidadosamente y que creo que tiene mucho que ver con el éxito de la campaña.

—Vale, vale. Envíamelo —zanjó con displicencia el jefe.

Gabriel fue hacia el restaurante y meditó qué decirle a sus compañeros cuando éstos preguntaran qué había dicho el Director. Como buen jefe que era, prefirió no compartir este

26 El medio de publicidad exterior son, entre otros soportes, las vallas y marquesinas que se pueden encontrar en las ciudades, pueblos y carreteras de toda España.

episodio con sus compañeros y les dijo una mentira piadosa para evitar tener que contar lo que acababa de vivir.

Entre tanto, Gabriel sí que compartió lo ocurrido con la empresa que le proveía de las vallas publicitarias y que tan bien habían hecho su trabajo.

—El mamón de mi jefe no está muy seguro de que la publicidad exterior sea eficaz, porque dice que ni él ni su mujer la han visto. ¡Manda huevos!, si nunca salen de su casa, que está a dos kilómetros de la oficina, de la que, además, tampoco sale en su puñetera vida —se quejaba amargamente Gabriel.

—Tío, no eres ni el primero ni el último Director de Marketing que tiene ese tipo de problemas. Y por eso tenemos ya estudiada la solución perfecta. ¿Sabes dónde vive este gilipollas de jefe que tienes?

—Sí, sé donde vive. En más de una ocasión he tenido que soportarle sus petulancias y las de sus amigos en su casa. Pero ¿qué coño vas a hacer?

—Le voy a poner una campaña especial para él y su mujer consistente en cuatro o cinco vallas en el entorno de su domicilio. Aunque te parezca increíble, verás cómo funciona. Mañana está colgada, «levanto» a otro cliente de esas malditas vallas y verás cómo tu jefe se siente tranquilo pudiendo ver mañana, tarde y noche su publicidad.

Efectivamente, la cosa funcionó a la perfección. En cuanto la campaña «rodeó» la casa del jefe, éste se sintió tranquilizado sobre la eficacia de la misma y llamó en más de una ocasión a su Director de *Marketing* para decirle «Qué bonita nos ha quedado esta campaña».

Casi todas las empresas dicen que entre sus propósitos está el de orientarse al cliente.

El jefe es, en algunas ocasiones, el mayor entorpecedor en esta loable finalidad. Espero que alguno de los lectores sea capaz de verse reflejado en este pecado que hace que las personas que forman la organización se vean tan limitadas.

En otras ocasiones el jefe tiene una clara voluntad por demostrar al conjunto de la organización la importancia que tiene el cliente y, además, su convencimiento le lleva a querer entender a pie de campo qué es lo que quiere éste.

Así lo hacen los de Coca Cola.

«De ronda a casa del cliente»
Protagonista: Marcos de Quinto
Puesto: Presidente de *Coca-Cola Iberia*

Si le digo que *Coca-Cola* es la marca de mayor valor según los expertos en valoración de marcas, estoy seguro de que no le descubro nada nuevo.

Tampoco creo que aporte ninguna novedad si le menciono que *Coca-Cola* está en todo el mundo y que personas de muy diferentes religiones, educación y gustos tienen, en cambio, el denominador común de gustarles la *Coca-Cola*. Si lo medita un rato, llegará a la conclusión de que esto que parece tan evidente que una marca pueda conseguir es enormemente complicado.

Quizás, gran parte del éxito de *Coca-Cola* sea que es diferente en alguna manera en cada país. Su precio, su distribución, su publicidad, su *mix* de productos (aparte de la propia *Coca-Cola*, la compañía es propietaria de *Fanta*, *Aquarius*, Powerade, *Nordic Mist*, *Aqua Bona*, *Sprite*, entre otras muchas marcas) *es* cosa de cada país.

Lo que seguramente será sorprendente para Usted es saber que el Presidente Mundial de *Coca-Cola* puede un día visitar su casa para ver cómo se consume en un hogar español. Este importante ejecutivo visita las más importantes filiales que tiene distribuidas por todo el mundo, la filial española es una de ellas. Aprovechando la visita a cada país, del que mucho desconoce, realiza una ronda de visitas a casas de consumidores, porque en su organización el cliente es el que manda, para el que se trabaja.

El Presidente de *Coca-Cola* tiene previamente concertada una cita en varios hogares españoles, aunque el gabinete encargado de conseguir hogares que representen al español medio nada dice sobre el rango de la persona que va a visitar este hogar. Una vez que ha llegado al hogar junto con su homólogo local, en este caso Marcos de Quinto, Presidente de *Coca-Cola España* y *Portugal*, departen con la familia, mira cómo es la nevera, cómo está dispuesta la casa, pregunta sobre su forma de consumir...; en definitiva, sabe más sobre el mercado y sus consumidores.

Maravilloso, ¿no?

Si Vd. tiene algún día la suerte de darse una vuelta por las oficinas centrales de *Coca-Cola* en España podrá *oler* que en esa organización los jefes saben para quiénes trabajan, y han hecho de ello un *leit motiv* ilusionante para todos.

Tener a toda la organización pensando primero en los clientes es incompatible con un jefe que piensa primero en sí mismo.

Ponerse en lugar del cliente es muy fácil, sólo exige generosidad y tener claro qué es lo primero.

Más difícil es cumplir con lo que el cliente espera de nosotros, aunque normalmente no lo es tanto.

Hay jefes que se empeñan en crear organizaciones que se miran a sí mismas y no miran a quienes les dan de comer.

«¿Y tú qué crees que ocurrirá?» Protagonista: José María Aznar[27] Puesto: ex Presidente del Gobierno de España

Estimado Sr. Aznar:

Su partido perdió las elecciones del 14 de marzo porque Usted fue un jefe que no pensó primero en los clientes, sus votantes.

Los clientes valoramos la honradez en las empresas y marcas con las que nos relacionamos o consumimos. Si el cliente percibe que la marca que consume le engaña, reacciona dejándola de comprar o, en el caso que nos atañe, comprando (votando) a la competencia (PSOE).

Su error no fue llevarnos de guerra a Irak. Muchos de los que votamos a su partido el 14 de marzo no estábamos de acuerdo con la guerra, pero sabemos que el jefe también puede equivocarse, incluso está en su derecho a hacerlo. Su Gobierno había hecho otras muchas cosas bien que podían pesar más en la balanza que ese desastroso y lamentable error.

Su error fue preguntarle a un asesor suyo: «¿Qué crees que ocurrirá si los autores de la matanza son los islamistas?» y

27 José María Aznar era Presidente del Gobierno de España cuando ocurrieron los lamentables atentados del 11 de marzo que costaron la vida a 192 personas. Unos días después, el 14 de marzo, el Partido Popular perdió las elecciones, y su sucesor al frente del PP, Mariano Rajoy, no pudo convertirse en Presidente del Gobierno de España.

reaccionar en función de lo que éste le contestó: «Si es ETA, ganaremos. Si son los islamistas, perderemos».

Entonces Usted decidió engañar a sus clientes. Los más creídos e ingenuos no nos dimos cuenta y le votamos. Los más inteligentes y dignos votaron a su competencia.

Engañar a los clientes es lo peor que un jefe puede recomendar hacer. Eso es no pensar primero en los clientes, es pensar primero en uno mismo para salvar las apariencias. Son dos actitudes y comportamientos muy diferentes, que ofrecen normalmente resultados muy dispares.

Usted me puede tratar de convencer que no quiso engañar, pero su intento de argumentación es vano.

Usted llamó a los directores de periódicos para asegurarles que quien estaba detrás de los atentados era ETA. Y no estaba seguro de lo que decía. Simplemente, les embaucó y consiguió engañarles para conseguir credibilidad en el engaño a los clientes (votantes).

La televisión pública (*Televisión Española*), que Usted dirigía y que tiene millones de clientes (espectadores), también decidió tratar de engañarnos. Así, optó por cambiar una película norteamericana que estaba programada el sábado por otra que reconstruía el atentado de Fernando Buesa, que mire por donde ya había sido programada por *Telemadrid* el día anterior. No me diga que eso no es engañar estúpida y zafiamente, y no pensar en sus clientes.

¿Qué cree, Sr. Aznar, que hubiera ocurrido si Usted hubiera pensado en los clientes, el pueblo español? ¿Qué hubiera ocurrido si Usted hubiera decidido decir la verdad, comunicarnos su tristeza por lo ocurrido, sus disculpas en calidad de jefe porque las cosas no habían salido bien? ¿Qué cree, Sr. Aznar, que hubiera ocurrido si nos hubiera dicho que era el momento de callar y pedir a los ciudadanos que votaran libremente, que Usted no tenía nada más que decir?

Si Usted se hubiera puesto en la piel de sus clientes (los votantes, el pueblo), su partido no hubiera perdido las elecciones. Usted fue un mal jefe.

Sr. Aznar, Usted también es un cliente. ¿Qué haría con una marca o una empresa que siente que le engaña?

Conclusiones
Octavo pecado capital: el jefe no piensa primero en los clientes

Un signo muy evidente de que el rumbo no es el adecuado es el contenido de un Comité de Dirección. Si en esta reunión ejecutiva de primer nivel se acude recurrentemente a la expresión «crear valor para el accionista», creo que algo anda mal, muy mal.

Lo primero es lo primero y lo segundo viene después.

El accionista consigue valor a través de los clientes, y este valor le llega a los clientes a través de los empleados que ejecutan brillantemente una estrategia clara y diferenciada. No hay más. Lo demás son «cantos de sirena».

Los que dicen que «crean valor al accionista», en vez de hacer bien el trabajo que corresponde a la misión de la empresa, se dedican a reverenciarse ante la figura etérea de esos accionistas que nunca han conocido ni seguramente conocerán.

El cliente es el activo más importante de la empresa. Con muchos clientes habrá muchos accionistas potencialmente interesados en la empresa, con pocos clientes todo lo contrario.

El jefe pierde a menudo esa «orientación al cliente». Muchos jefes carecen de esa orientación, y tienen, en cambio, una orientación accionista, una orientación jefe o simplemente están desorientados sin ningún tipo de orientación, quizás peleándose con otros compañeros por una cuota de poder.

A estos jefes, que no ven en el cliente lo primero, les gusta ver la organización como se muestra en el gráfico de la siguiente página. Esta pirámide representa que toda la organización está pendiente de lo que dice el de arriba. Incluso los clientes tienen que esperar a que sus peticiones sean atendidas. Es una organización que piensa en el jefe antes que el cliente.

Es posible que el cliente tenga que escuchar de su interlocutor (el de la primera línea) una excusa de este tipo: «Ya lo he dicho muchas veces, pero los jefes todavía no se han decidido».

Esta forma de ver las cosas se transforma en cultura y hace que lo que digan los clientes pierda valor simplemente porque no ha emanado del sitio correcto, el ser superior, el jefe.

Poner en el centro de todo al cliente es algo que no falla. Eso sí exige mucho esfuerzo y humildad. El jefe que peca anteponiéndose al cliente rompe la baraja del sentido común y hace que las personas que dependen (qué dramático verbo) de él se sientan siervos más que productores de un servicio para el que han sido contratados.

La pirámide invertida representa, en cambio, a toda la organización trabajando para el cliente, que es el que manda, el que está arriba.

El principal cliente es, sin duda alguna, el que permite que la organización exista, el que paga por sus productos o servicios.

Hay muchos otros clientes a los que el jefe debería prestar una buena atención, considerarles como tales, empezando por los propios empleados.

El buen jefe sabe que sus clientes empleados no son los que

mandan, como en el caso del cliente que paga, pero en cambio es consciente de que son capaces de conseguir rendir más, que piensen más inteligentemente para que la organización y todo funcione mejor. El buen jefe busca, entonces, proporcionar satisfacciones en el desempeño del trabajo a sus clientes empleados.

El jefe que dice que crea valor para el accionista sin trabajar primero para el cliente, tanto al externo (el que paga) como al interno (el que produce dentro de la empresa), es un destructor de la productividad de sus subordinados.

El gran éxito de *Inditex* (*Zara, Massimo Dutti, Oysho, Stradivarius, Zara Home, Bershka*), la más internacional de nuestras empresas y creada de la nada en tan poco tiempo, nace de la convicción de los jefes (empezando por su fundador, Amancio Ortega) de que la empresa ha sido creada para satisfacer al cliente. Las personas que están a cargo del contacto con los millones de clientes en las miles de tiendas que *Zara* tiene repartidas por todo el mundo tienen la difícil y apasionante tarea de descifrar las necesidades y gustos de los clientes de cada continente, país, región, ciudad y barrio, y ser capaces de dar su *recado* a las oficinas centrales de *Inditex* y así proveer a cada tienda con productos que respondan a los gustos de los clientes. Llevar esta filosofía a un procedimiento consigue que cada tienda venda más y los clientes estén más satisfechos.

Síntomas del jefe que no piensa primero en los clientes:

- Habla poco o nada con clientes.
- Habla siempre con los mismos clientes.
- Piensa que el accionista es el principal cliente de la empresa.
- Habla poco o nada con los vendedores.•
- En definitiva, el cliente (o el usuario) no es su prioridad.

Algunas sugerencias para los jefes que no piensan primero en los clientes:

- Si desea aumentar las ventas, haga lo que sus clientes le piden (siempre y cuando sea rentable para la empresa).
- Hable con los clientes y usuarios. Entiéndalos. Póngase en su lugar. Actúe.
- Solucione cualquier cosa que Usted, como cliente, no aceptaría.
- Hable con los vendedores de su organización. Póngase en su lugar. Actúe.
- Solucione cualquier cosa que a Usted, siendo vendedor, le impediría prestar un buen servicio a sus clientes.
- El accionista estará satisfecho si tiene clientes satisfechos. Los clientes estarán satisfechos si están bien atendidos por empleados motivados e informados.
- No le dé más vueltas: el cliente es la prioridad.

Noveno pecado capital

El jefe tiene miedo. O el jefe divide (...y perderá)

Nadie llegó a la cumbre
acompañado por el miedo.
Publio Siro

Aquel que más posee, más
miedo tiene de perderlo.
Leonardo da Vinci

Sólo una cosa vuelve un sueño
imposible: el miedo a fracasar.
Paulo Coelho

El miedo paraliza a las personas y las incapacita. Todos tenemos inseguridades que nosotros mismos nos creamos sin que en realidad tengan algún fundamento objetivo. Los miedos no nos permiten seguir adelante, bien al contrario, nos hacen infelices y nos encarcelan detrás de unas rejas que nosotros mismos nos construimos.

En el entorno laboral los miedos se multiplican, dependemos de unos cuantos factores que están aún más alejados de nuestro control que los de la vida personal.

Los jefes pueden ver en los compañeros a competidores. Pueden ver competencia donde en realidad hay aumento de riqueza intelectual, y eso es el principio de un mal final: el de las empresas repletas de personas a imagen y semejanza de quien contrata, que no quiere ningún tipo de sorpresa.

«Contratemos a una persona como yo»
Protagonista: Jaime Pérez
Puesto: Director Comercial

El Departamento Comercial donde Jaime Pérez presta sus servicios como Director estaba necesitado de orden. Jaime era un excelente vendedor que había llegado a la empresa en un momento en el que la urgencia era vender. De lo contrario, la supervivencia de la compañía estaba cuestionada.

La llegada de un nuevo Director General, que hizo un importante cambio en la política de producto y precio, provocó que la fuerza comercial vendiera mucho más, aunque lejos de lo que en realidad podían conseguir. Una vez superada la primera fase de urgencia de ventas, las deficiencias en la organización de la función comercial se hicieron más palpables. Era necesario un cambio.

El Director General se reunió con Jaime Pérez y le manifestó, una vez más, las deficiencias en la organización comercial que creía que él no iba a saber solventar, aunque le mostró su confianza para que siguiera dirigiendo el proyecto. Le propuso contratar un Subdirector Comercial que le complementara.

—Necesitamos una persona que ponga orden en nuestra estrategia comercial, que haga que los comerciales sean más productivos. Tú eres nuestro principal vendedor, eres nuestra mejor carta de presentación delante de los clientes, pero internamente puedes llegar a ser un tapón. Creo que, con un buen Subdirector Comercial, subsanaremos esas deficiencias —le dijo el Director General con claridad y educación.

—Bueno —titubeó Jaime Pérez. Es posible que haya cosas que mejorar. Me parece que debemos fichar a una persona como yo pero con menos nivel.

—Ya lo hablamos otro día —zanjó el Director General.

El Director General le dio por imposible. Sabía que si hacía participar a Jaime Pérez del proceso de contratación de su nuevo compañero, acabarían enfrentados y aquello podía influir en el rendimiento de Jaime y el resto del equipo.

Jaime tenía miedo y pensaba que cualquier persona que hiciera algo que él no sabía hacer podría eclipsar su excelente labor comercial. Incluso llegó a pensar que el Director General le estaba buscando un sustituto. Nada más lejos de la realidad.

El Director General optó por iniciar la búsqueda por su cuenta sin hacer partícipe a Jaime. Una vez que logró contratar a la persona que él consideraba idónea, se lo presentó a Jaime Pérez.

La fuerza comercial logró mejorar su rendimiento de forma espectacular y Jaime Pérez logró aprender muchas nuevas cosas de su nuevo subordinado, aunque jamás fue capaz de reconocerlo.

El miedo acompaña a muchos jefes en su jefatura. Y uno de los miedos más comunes y menos reconocidos es el miedo a los subordinados. Se trata de un miedo paranoide que hace que el jefe tome todo tipo de prevenciones para que su poder no pueda ser asaltado.

Una forma de defenderse es criticando a otro colaboradores. Así, el jefe cree que está exento de culpa y se cree cómplice de quien está compartiendo con él su crítica.

Lo que también subyace bajo este comportamiento es el miedo y la incapacidad del jefe para hablar de forma sincera y para exponer las posibles áreas de mejora o insatisfacciones sobre las que tiene el deber y el derecho de comentar.

«Es un inútil y no tiene ni idea»
Protagonista: José Luis García
Puesto: Director General de Logística

Este libro se ha ido construyendo gracias a vivencias que muchas personas me han ido narrando. Tanto me impactaron algunas de ellas que no fue necesario que las fuera apuntando, simplemente han ido fluyendo a medida que las necesitaba.

Mi amigo T me habla a menudo de su jefe, al que está agradecido por haberle ofrecido en su día un puesto de trabajo, pero con el que está muy descontento por su comportamiento. Es de aquellas personas que cree muy sinceramente que su jefe necesita un psicólogo. Sus relaciones con su jefe son correctas por inexistentes. Prácticamente, no tienen contacto, a pesar de ser un equipo pequeño compuesto por menos de diez personas y de lo aconsejable y eficaz que resultaría que trabajaran en equipo.

Le pregunto con frecuencia por su jefe, al que tuve el gusto de conocer en una fiesta a la que fui invitado y en la que me lo pasé muy bien con él. Si alguna característica diferencia a su jefe, es su facilidad con el verbo. Es un perfecto animador de fiestas.

En una de las conversaciones con mi amigo T, éste me dijo: «José Luis es gilipollas y debe pensar que, además, yo también lo soy». Le pedí que me explicara qué es lo que había sucedido para que dijera eso.

—Ya sabes que apenas me hablo con José Luís. Yo intento hacer mi trabajo lo mejor posible, pero he decidido hace tiempo que es mejor para los dos evitarnos y a él parece que le va bien ese pacto no escrito ni hablado. Ahora ha decidido durante los últimos días utilizarme como su confidente y poner verde a mis compañeros. Sin ir más lejos, ayer me decía que Rosa era una p... inútil que no tenía ni idea y que así iba a ser difícil conseguir los objetivos. A continuación, me habla de su mal gusto y de que, además, le huelen los sobacos. De lo más edificante.

—¿Se trata de una cuestión personal? —le pregunté.

—No parece. Simplemente, ahora me confía sus valoraciones, parecidas a las que él hace a otras personas de la empresa sobre mí.

—¿Por qué crees que hace eso?

—Porque es un inexperto como jefe y tiene miedo. Jamás nos ha dicho a la cara a mí ni a nadie lo que opina de nuestro trabajo —me dijo.

La forma más común de miedo del jefe es el que éste tiene a su vez de su propio jefe. Es el miedo a contrariar al superior y que convierte a muchos jefes en «yes men».[28]

Puede ocurrir que en una organización muy grande éste sea un caso que se reproduzca a lo largo de toda la empresa y que forme parte de la cultura organizativa. Todos dicen sí al superior jerárquico y éste, en vez de alentar a su subordinado para que ayude a que la organización mejore y prospere, se siente complacido y prefiere su servil actitud.

El subordinado que sufre al jefe que se ha transformado en siervo de otro jefe se desespera. Su trabajo necesita cambios, nuevas herramientas y un empuje que su jefe no le proporciona.

«A todo dice que sí»
Protagonista: Jaime Del Rey
Puesto: Director de Compras. Reporta al Director General de la filial española

Coincidí con Jaime en una entrevista de trabajo. Él andaba buscando algún sitio mejor donde trabajar, yo quería una persona de su perfil. Finalmente cubrimos el puesto con otra persona, pero gracias a ese furtivo y casual encuentro iniciamos una amistad que ya dura algunos años.

Supe desde el primer momento que Jaime era un excelente profesional, que ha tenido la mala suerte de tropezar con un mal, pésimo, jefe. Ahora, a sus cincuenta y tres años de edad, no ha tirado la toalla en la búsqueda de un nuevo destino laboral, pero sabe que ya no es tan fácil.

> —Mi jefe dice que sí a todo. Los ingleses no conocen bien las peculiaridades de nuestro mercado, pero son los que mandan en la

28 «*Yes men*», expresión inglesa para describir a aquellas personas que no saben decir no y que siempre asienten a todo lo que el jefe propone. He conocido a muchos. Son lamentables.

distancia dando instrucciones que a veces son insensatas. Creen que lo que funciona en Inglaterra funciona aquí. Han llegado a la conclusión de que los españoles somos raros y mi jefe les dice que tienen razón. Su miedo hace que nos traslade las decisiones de los ingleses como irrebatibles e irrefutables. En alguna de nuestras discusiones me espeta: «Donde manda patrón, no manda marinero. Si no has aprendido esto con más de cincuenta tacos, ya es hora de que lo vayas haciendo».

El jefe de Jaime está sólo pendiente de agradar a su jefe que valora su miedo como una fidelidad que tiene hasta el momento la recompensa de seguir aumentando su posible indemnización en caso de despido, que quizás algún día le llegue. La empresa lleva cinco años perdiendo dinero.

La loable lealtad del jefe de Jaime se ha convertido en una servil, lúgubre, miedosa y atroz fidelidad, que le sirve para mantener su puesto de trabajo y, simultáneamente, para impedir que el debate y la iniciativa surjan. Jaime, mientras tanto, sigue enviando historiales profesionales a otras empresas con la esperanza de poder terminar su vida profesional de alguna forma más digna y productiva.

Cuando el jefe tiene miedo, necesita que todos reconozcan su trabajo. Tiene miedo a ser sustituible.

El jefe que tiene miedo quiere colgarse todas las medallas, aunque ya tenga un reconocimiento explícito siendo el jefe, siendo el que manda y el que gana más dinero que sus subordinados.

El jefe quiere hacer todo, no vaya a ser que alguien pueda cuestionar que es rentable. Sus subordinados le observan con pena y, a veces, con hilaridad.

«Dejad a los demás que hagan su trabajo»
Protagonista: PB
Puesto: Director de Departamento de una Universidad

Un buen jefe tiene como primera preocupación que «su gente» tenga las condiciones adecuadas para que produzcan más y mejor y que formen un equipo en el que cada uno asuma su responsabilidad de forma coordinada con los demás.

El mundo universitario suele ser un ejemplo de ineficacia producida por el miedo de los jefes que el propio sistema alienta. Los jefes en la Universidad, lejos de intentar mejorar su productividad y la de su equipo para prestar un mejor servicio a los alumnos —sus clientes—, se enfrascan en continuas peleas para conseguir que su tribu sea la más reconocida y valorada.

La organización tribal en la Universidad hace aflorar el primitivo sentimiento«O estás conmigo o estás contra mí».

Consciente de este entorno, PB, Director de un Departamento en la carrera de Fisioterapia, entrena a su equipo para evitar que los alumnos paguen el miedo de los profesores.

Para trabajar sobre ese objetivo, este buen jefe se toma la molestia de organizar cada año y desde hace cinco temporadas unas jornadas en las que su equipo de trabajo, formado por coordinadores de Departamento y profesores universitarios, hace una salida acompañados por un psicólogo experto en el trabajo en equipo. Los coordinadores son los jefes de los profesores.

Este año fueron juntos a navegar por el Mediterráneo. La mayoría de los que acudían a esta apasionante y divertida iniciativa no habían navegado nunca. Debían aprender a conseguir navegar como un equipo, para lo cual se repartieron en dos barcos en los que había asignadas tareas para cada persona.

El psicólogo les observaba atentamente, sabiendo de antemano quién mandaba sobre quién en la Universidad. Sus conclusiones intentaban demostrar que, probablemente, lo mismo que ocurría en el barco también sucedía en el trabajo:

> —Los coordinadores habéis querido hacer todo el trabajo. Interveníais en tareas que no eran de vuestra incumbencia. Si otra persona tenía el encargo de subir la vela, vosotros os adelantabais y hacíais el trabajo del profesor. En vez de dejar que cada uno de los profesores hiciera su trabajo, creo que vosotros estabais más preocupados en demostrar al Director que trabajáis mucho que en aprovechar los recursos que teníais que dirigir y coordinar para que el barco navegara mejor. Así es difícil que los profesores aporten todo lo que saben y que vuestro Departamento y Universidad saquen lo mejor de vuestro talento . Si persistís con vuestro miedo a que otro haga el trabajo, nunca progresareis y el equipo estará desmotivado.

El miedo del jefe a que alguien invada su territorio se convierte en una enfermedad con sintomatología paranoide, en la que el jefe cree que cualquier colaborador se puede convertir en un competidor.

El miedo al cambio es singularmente común entre los humanos. Lo curioso es que las personas que no cambian y, por tanto, no evolucionan observan con envidia a aquellos que sí lo hacen.

El miedo al cambio es un freno propiciado en ocasiones por quien manda, el jefe, que se convierte así en un pecador.

Esta forma de miedo ha matado profesionalmente a excelentes directivos que se negaron a cambiar y ha motivado la desesperación de muchos subordinados que sabían y proponían que se «hiciera de una forma diferente».

11 meses después de veinte años
Protagonista: Juan Pascual
Puesto: Director General

La experiencia acumulada durante dos décadas en una multinacional de la alimentación y con una trayectoria muy exitosa fue crédito suficiente para que otra empresa del sector se interesara por nuestro protagonista. Una importante mejora salarial, una gran delegación de autoridad para hacer y deshacer y un proyecto ilusionante hicieron que Juan Pascual accediera a cambiar su empresa de toda la vida por una nueva organización.

Pero la historia sólo duró once meses.

La llegada de este directivo a su nueva organización fue recibida con reticencias por muchos de los que formaban el Comité de Dirección. Muchos de los que ahora reportarían al nuevo fichaje no entendían por qué era necesaria savia nueva si «la experiencia de conocer bien la casa y el mercado» debería ponerles en ventaja ante un candidato foráneo.

Es normal. No fue el comprensible ambiente hostil que pudiera respirarse en contra de su nombramiento lo que provocó su salida. Tampoco fueron las previsibles arremetidas de los nuevos competidores robando cuota de mercado a la empresa que había fichado a este nuevo Director General.

El motivo que aceleró tan rápidamente su salida de la empresa en tan corto espacio de tiempo fue su incapacidad de adaptación, su miedo a cambiar.

Después de veinte años en su empresa de toda la vida, Juan no podía entender ni compartir que las cosas se hicieran de otra manera que de la forma que le había dado éxito durante tantos años de su vida profesional.

Su nueva organización era culturalmente diferente. Los procedimientos, el sistema de retribución variable, el sistema de *reporting* no tenían nada que ver con los que traía durante veinte años Juan Pascual en su cabeza, haciéndole creer que sólo ése era el modo que había de hacer las cosas si se querían hacer correctamente.

El Consejo de Administración y él se enfrascaron en unas cuantas discusiones que no llevaron a nada:

—Entonces, decidme ¿para qué me habéis contratado? —preguntaba cuando el Consejo le pedía que no cuestionara todo lo que había antes de que él llegara.

—Para que cambiaras la organización adaptándote a nuestra realidad. Lo que no puede ser es que todos nos adaptemos a ti —le explicó el Presidente del Consejo.

—Pero hay muchas cosas que se hacen mal y es necesario darle nuevos aires —se lamentaba Juan.

—Tu forma de argumentarnos que es necesario un cambio siempre va referida a lo que hacías en la empresa en la que estuviste veinte años. Yo estoy harto de escucharte decir «en mi anterior empresa se hacía así». Eso resulta descorazonador para el equipo. No queremos ser un calco de tu empresa de toda la vida. Hoy tu empresa, la que te paga, es ésta. Y tienes a todas las personas que trabajan contigo cansados de la misma cantinela.

Once meses después de su llegada, Juan fue invitado a salir de la empresa por inadaptado. Su verdadero lastre fue no vencer el miedo al cambio.

Una de las riquezas de nuestra especie es la indisolubilidad del ser humano.

Mario Vargas Llosa recogió la singularidad de cada persona en su libro Los cuadernos de Don Rigoberto, que desde aquí le recomiendo.

El que cada persona sea irrepetible hace que un hecho pueda merecer valoraciones muy diferentes dependiendo de la persona que emita el juicio. Creo que son minoría los que son capaces de entender y aceptar esta posibilidad hasta sus últimas consecuencias.

El jefe que trabaja por entender la unicidad de cada persona podrá enriquecer a la organización con la variedad de tonos que cada ser humano aporta.

Ello exige entrar en zona de riesgo y dificultad, pues aceptar esa singularidad significará que no todo se puede repetir.

«Aprende de tu hermano»
Protagonista: Ramón Durán y Beatriz Fernández
Puesto: padres de dos hijos

La aventura de ser el jefe de tus hijos es la más apasionante de las tareas del ser humano. Se trata de una gran responsabilidad con los hijos y con la sociedad en general. En función de lo que enseñemos a las futuras generaciones, nuestro mundo será mejor o peor.

En esa interesante y difícil tarea, aquellos que tenemos más de un hijo nos enfrentamos a la increíble realidad de cada ser humano.

Es el milagro de la vida: que dos o más personas que, habiendo nacido de una misma madre y padre, habiendo tenido una similar educación y habiendo disfrutado del mismo entorno, puedan ser tan diferentes.

El jefe que no entiende la indisolubilidad del ser humano desde su nacimiento hará un mal trabajo y no sacará provecho de la materia prima de cada persona, en este caso sus hijos.

El relato que les cuento se refiere a una pareja con dos hijos: uno de ellos con facilidad para los estudios; en cambio, el mayor con graves problemas de concentración y dificultad para seguir el curso.

Esta simple característica, que diferencia a cada uno de los hijos y que los jefes-padres son capaces de enunciar pero no han sabido afrontar, les ha conducido a refugiarse en su miedo al fracaso, responsabilizando a no sé qué asunto genético del problema de su hijo.

Cada subordinado, cada hijo, debería merecer la atención del jefe, que tiene como misión rentabilizar los recursos de cada persona a su cargo. El miedo a tan difícil misión hace que el jefe elija el camino fácil.

—Otra vez traes malas notas. Aprende de tu hermano, concéntrate cuando estudias y no estés pensando en las musarañas.

—Lo intento mamá, pero no lo consigo —se desespera el joven.

—Pues si tu hermano puede hacerlo, tú también —sentencia la madre.

Esta historia acaba mal, como otras muchas donde el jefe es incapaz de sobreponerse, convivir y superar las diferencias que cada persona a su cargo tiene.

El hijo que, a pesar de sus malas notas, tiene capacidad suficiente para aprobar sus estudios, ha tirado la toalla. Nadie le ayudó a encontrar el difícil, aunque no inextricable, camino de rentabilizar sus cualidades.

Conclusiones
Noveno pecado capital: el jefe tiene miedo

Luis Rojas Marcos recoge en su libro *Nuestra incierta vida normal* una serie de pensamientos relacionados con el miedo que asola al ser humano de las economías desarrolladas.

Una forma de expresar ese miedo es creer y manifestar que «cada día las cosas van a peor». Estoy seguro de que Usted habrá escuchado esta frase en boca de muchas personas, y quizás en la suya propia. Detrás de esa frase se encierra un gran falsedad, hay demasiados datos objetivos que refutan esa afirmación. Además, esa creencia sólo sirve para no aceptar nuestra responsabilidad de modificar nuestras vidas, de participar en mejorar la sociedad en la que vivimos aportando nuestro pequeño grano de arena. El refugio más cómodo es siempre echar la culpa a algo que es inalcanzable de entender y sobre lo que no se puede actuar.

Es curioso observar cómo aquellos que tenemos más cosas, más riqueza, desarrollamos más miedo. El miedo a perder lo que tenemos, a no alcanzar lo que otros poseen, a fracasar, a no saber aprovechar nuestro tiempo, a enfermar. Pasamos mucho tiempo enzarzados en una continua lucha contra nosotros mismos.

En cambio, aquellos que no tienen nada que perder no pasan miedo. Viven el día a día y mañana será otra jornada.

Un día, almorzando con un alto Directivo de un Banco, me expresaba su descontento, su infelicidad. Entonces, le dije: «Deja el Banco. Ya tienes dinero suficiente para vivir el resto de tus días. Haz algo que te guste». Siguió en el Banco y estoy seguro de que sabe que podría y sabría hacer otras cosas que le harían más feliz, pero no las hace porque tiene miedo. «¿Qué pensarán?» «¿Cuánto ganaré?» «¡Con lo que me ha costado llegar aquí!», ... Este ejecutivo es un rico jefe miedoso.

El miedo destruye a las personas, y su miedo, como cualquiera de los pecados capitales del jefe, tiene un efecto contagioso que afecta al resto de la organización.

Miedo al cambio, miedo a los enemigos o rivales que puedan llegar, miedo al qué dirán, miedo al jefe. Usted y yo tenemos miedo. ¿No debería darnos vergüenza tener miedo? El miedo que se produce sin razones objetivas es de cobardes y de estúpidos. No beneficia a nadie.

El jefe expresa su miedo de muy diversas formas, y esto tiene un efecto negativo en la organización.

El subordinado agradece a su jefe que éste defienda el sentido común, que su trabajo esté inspirado en el progreso, en la evolución. De lo contrario, participará de los miedos del jefe abandonando la organización o convirtiendo la perdurabilidad del puesto de trabajo en el primer objetivo.

El miedo del jefe produce la muerte de la iniciativa, de la crítica constructiva, del desafío, de la felicidad.

El miedo produce la muerte de la inteligencia, en definitiva.

Síntomas de cuando el jefe tiene miedo:

- **Miedo a ser atacado**. Le da la impresión de que no tiene todo bajo control. El jefe piensa y necesita tenerlo todo controlado.
- **Miedo al jefe**. No ha discutido sobre trabajo con su jefe en los últimos tres meses. Está de acuerdo con todo lo que dice su jefe.
- **Miedo al cambio**. El jefe cree que lo que funciona en un sitio funciona en otro. No ha realizado cambios significativos en los últimos seis meses.
- **Miedo al fracaso**. Un cambio sólo tiene justificación si se está absolutamente seguro de que va a producir beneficios.
- **Miedo al ridículo**. No hace muchas cosas por el qué dirán.
- **Miedo a perder**. Opina que hay mucha gente mala por la vida y que muchos desearían su puesto.
- **Miedo a no ser valorado**. Critica con mucha frecuencia el trabajo de otros y, especialmente, el de sus colaboradores.
- **Miedo a perder su puesto de trabajo; miedo a delegar**. Hace el trabajo que le correspondería a sus subordinados.

- **Miedo a la autocrítica**. Cree que su trabajo es muy profesional y que «sabe cómo se hacen las cosas».

Algunas sugerencias para el jefe que tiene miedo:

- Valore lo que tiene y lo que es. Si cree que lo que tiene no vale nada y que sólo sirve para estar en la empresa en la que está, siga con miedo y procure pasar desapercibido.
- Si por el contrario cree que es útil y que podría serlo en otras organizaciones, no lo dude, sea Usted mismo.
- Convénzase de sus puntos fuertes. Escriba cuál es su trabajo y que aportación hace a la empresa.
- Rodéese de los mejores, aunque sean objetivamente mejores que Usted, pues aprenderá con ellos. Saber seleccionar un buen equipo es una rara habilidad que le será premiada.
- No tema cambiar cosas que ha hecho durante muchos años. Si no lo hace Usted, alguien lo hará.
- Quizás su jefe disfrute con su miedo y servilismo. A ojos de sus subordinados, Usted no es nadie, carece de valor si no da la cara por mejorar su trabajo, su productividad.

Décimo pecado capital

El jefe es injusto

La peor forma de justicia es
la justicia simulada.
Plutarco

Ganamos justicia más rápidamente si
hacemos justicia a la parte contraria.
Gandhi

La absolución del culpable
es la condena del juez.
Publio Siro

La persona que percibe que se ha producido una injusticia relacionada con su dinero entiende que le han robado. La persona agraviada puede tener o no razón, pero su percepción sólo se podrá modificar a través de argumentos sólidos que le hagan participar de su equivocación.

Existen pactos claros que difícilmente conducen al equívoco, pero aquellos que tienen más de una posible interpretación son los que ofrecen con mayor frecuencia problemas.

Una injusticia relacionada con el dinero provoca un efecto negativo que acumula grandes dosis de rencor.

La expresión nominal del dinero significa cosas muy diferentes para personas con diferentes niveles retributivos: para unos puede ser lo que gastan en un «pequeño» capricho, mientras que para otros es lo que le permite comprar bienes de primera necesidad.

El jefe que no entiende la importancia que tiene el dinero para sus subordinados y juega con el dinero ajeno es injusto.

«Aún no me has enviado los objetivos del mes»
Protagonista: Marta Fernández
Puesto: Jefe de unidad, depende del Director de Área

A todos nos gustaría cobrar más, y muchos pensamos que el valor que aportamos a nuestra organización vale mucho más de lo que nos pagan. Es normal. Si realmente fuera así y nuestro trabajo estuviera retribuido por debajo del mercado, la solución sería fácil: buscar otro trabajo.

Un asunto bien diferente que quiero abordar en este relato es la laxitud con la que los jefes pecadores tratan el dinero de los demás.

En el relato que aquí les propongo, nuestra protagonista tiene la responsabilidad sobre una unidad de negocio, y su principal influencia para aumentar su productividad es la de procurar que las tiendas que están bajo su responsabilidad vendan más. Para ello cuenta con un equipo de catorce vendedoras. Su retribución está compuesta por un salario fijo y una retribución variable que puede llegar a alcanzar el 35% de su retribución total. Para ella, contar con ese dinero supone poder ir de vacaciones o dar la entrada de un coche, el suyo ya tiene veintiún años y le juega malas pasadas.

Su esquema de retribución variable está en función del cumplimiento del presupuesto. Hasta aquí todo normal, si no fuera porque no conoce el presupuesto del mes hasta que han pasado quince días desde su inicio. Así me lo contaba:

—¿Qué tal van las ventas? —le pregunté.

—Bien, pero para lo que me sirve. No sé si es bueno o es malo —me contesta resignada.

—Deberá ser bueno para ti, lo contrario sería injusto.

—El presupuesto lo recibo cada mes, lo cual ya parece algo que no es muy normal. Las empresas hacen su presupuesto anualmente, digo yo. A los analistas de la Bolsa les pasarán las previsiones del año con suficiente tiempo de antelación, digo yo. Pues a mí no. Me mandan el presupuesto del mes cuando éste ya ha empezado, y las cifras que me mandan parecen arbitrarias, no sé de donde se las sacan. Por mí que hagan lo que quieran, pero siempre que no jueguen con mi dinero. Hay meses que no cobro nada de variable simplemente porque ese mes me han puesto un presupuesto que es inalcanzable y que no tiene en cuenta nuestro histórico de ventas, o si ese mes ha habido muchas fiestas y hemos tenido que cerrar muchos días.

—¿Y tus vendedoras?

—Pues exactamente igual. Yo no sé cómo justificarme delante de ellas. En lo que va de año se nos han ido dos. Nuestro absentismo laboral ha crecido un 22% con respecto al año pasado y coincide especialmente con los últimos días de los meses en los que nos han puesto un presupuesto desorbitado.

—Ojo por ojo —le comenté.

—Así es, injusticia por injusticia. Aquí los que pagan el pato por la incapacidad de uno o varios jefes somos nosotros y los clientes, que perciben que no son tratados igual que si estuviéramos motivados. También imagino que los accionistas son víctimas de estos jefes injustos y que bien les gustaría que la empresa de la que son propietarios ganara más —reflexionó mi amiga.

El jefe injusto no cree que todas las personas sean igual de humanas. Él es más y merece un trato diferente. Los que no hacen lo que él quiere merecen ser apartados, expulsados si fuera posible.

Un jefe pecador por injusto es capaz de cambiar las reuniones de un departamento de la mañana a la tarde para que una compañera que ha sido recientemente madre y ha solicitado jornada reducida no pueda acudir y así tenga que mendigar la información. Ése es el castigo del jefe injusto a la empleada por haber cometido la «barbaridad» de ejercer su derecho a estar más tiempo con su bebé.

También les ocurre a personas muy famosas, muy adineradas. A ellos también les duele tener un jefe injusto...

«Como te vas, no juegas»
Protagonistas: Fabio Capello y David Beckham
Puesto: entrenador y jugador del Real Madrid

Quizás Usted sea un gran aficionado al fútbol y no esté de acuerdo con lo que a continuación voy a exponer. Quizás se me escape algún detalle que sea importante. Yo no soy aficionado al fútbol, simplemente observé con cierta hilaridad y poca preocupación lo que sucedió entre estos dos afamados y ricos personajes del fútbol. Y encontré muchas similitudes con la vida en la empresa, que tiene injusticias como éstas pero que no cuentan con la publicidad de un club de fútbol como el Real Madrid.

David Beckham tenía un futuro incierto. Sus jefes no le decían si contaban con él para la siguiente temporada, y él quería seguir trabajando como futbolista y, si fuera posible, en un sitio que le apeteciera, como cualquier persona normal, como Usted o como yo. Dado que no obtenía esa respuesta anhelada sobre su continuidad en el Real Madrid, el equipo en el que él quería seguir, puso a trabajar a su *manager*, que le trajo una propuesta que le gustó: Estados Unidos. Allí el fútbol sería menos exigente que en Europa, pero, en cambio, tendría una repercusión mediática en el país más poderoso del planeta. Además, le pagarían una cantidad astronómica de dinero. Y a Victoria le apetecía. Todo encaja.

Cuando hizo público su nuevo destino, quedaban aún cinco meses para que acabase la temporada. Para su nuevo club era importante dar a conocer la noticia ya, así dispondría de tiempo suficiente para llegar a acuerdos comerciales que asegurasen la viabilidad económica del fichaje.

Creo que Beckham no contaba con que su jefe, Fabio Capello, fuera tan injusto e infantil. Decidió apartarle del equipo y no dejarle jugar. Me imagino, quizás sea mucho imaginar, que Capello pensó, con su mente obtusa y maquiavélica, que así se ganaría a la afición del Real Madrid, dado que castigaba la infidelidad del jugador.

Es exactamente lo mismo que ocurre en muchas empresas que cuentan con jefes que abusan de manera injusta de su poder y retiran de la circulación a personas porque han cometido su particular infidelidad, ésa que sólo imagina el jefe.

La historia de Beckham y Capello acabó con el jugador otra vez sobre los terrenos de juego, porque al entrenador no le quedó más remedio: las cosas no iban demasiado bien, había unas cuantas bajas y parecía demasiado estúpido tener apartado a un jugador de tanta calidad como éste.

Los dos acabaron ganando la Liga, más que por méritos propios por demérito de sus contrincantes. Y los dos acabaron fuera del Madrid. Beckham, porque ya se había buscado la vida unos meses antes, y Capello, expulsado de la organización que le había contratado un año antes para ganar la Liga. El club y parte de la afición no aguantaban su forma injusta de ser.

Es normal y necesario que el subordinado gane menos que el jefe. Faltaría más. Pero no considero tan normal que los elementos comunes de la empresa sean utilizados en beneficio del jefe en relación al subordinado. Es como si en el baño de la empresa hubiera unos váteres para jefes y otros para subordinados, y unos fueran limpiados más a menudo que los otros.

Hay pequeños detalles que alcanzan la dimensión de categoría porque son los que forman la cultura de empresa.

En algunos casos, la desfachatez del jefe hiere a los subordinados, e incluso puede sonrojar a otros jefes que no participan de la decisión del primer ejecutivo.

Maquillado y vestido por cuenta de la empresa.
Protagonista: Leopoldo Marías
Puesto: Director General, depende del Consejero Delegado y del Presidente

Cuando los protagonistas (los nombres son inventados para preservar su intimidad) de esta historia la lean, creo que no les gustará. Me llevo bien con ellos, pero en ocasiones son unos grandes pecadores hasta provocar un rechazo mayúsculo en las personas que están en su organización.

Con motivo de la tradicional fiesta de Navidad que muchas empresas celebran al finalizar el año, esta empresa organizó una fiesta de disfraces, que se celebraría en una lujosa sala madrileña. Este tipo de eventos era organizado por el Presidente, sus secretarias y la Directora de Relaciones Públicas.

Leopoldo, nuestro protagonista, había llegado a la empresa unos meses antes, cuando fue nombrado Director General de la principal unidad de negocio del grupo. El mismo día de la fiesta le avisaron de que debía estar a las cinco de la tarde para la sesión de maquillaje y disfraz.

Pensó que sería divertido ver a todos los empleados siendo disfrazados y maquillados. «Es una buena idea», les comentaba a unos buenos amigos con los que comía ese mismo día unas horas antes de la sesión de maquillaje.

Cuando llegó, con algo de retraso, a la cita con los maquilladores se sorprendió. Sólo había dos cabinas de maquillaje y unos pocos disfraces.

—¿Dónde están el resto de compañeros? Como tengan que maquillar a las cuatrocientas personas de la plantilla con sólo dos maquilladores me temo que la fiesta la celebramos mañana –bromeó con el Director Financiero.

—No hombre, no. Sólo nos maquillan y disfrazan a los jefes —le contestó el directivo.

—¡No me jodas! ¡Qué corte! —se le escapó mientras maldecía estar sentado allí.

La sesión de maquillaje discurrió con normalidad. Cada directivo era cuidadosamente tratado por el equipo de especialistas hasta que se conseguía el efecto deseado. Una vez que se había superado esta etapa, otras personas se encargaban de disfrazar al directivo en cuestión.

Leopoldo no paraba de cavilar en lo que él pensaría de su empresa si fuera un empleado de menor rango y supiera que el dinero de la empresa estaba siendo dedicado a maquillar y disfrazar a los jefes. Ese año se habían anunciado menores subidas salariales, no había cesta de Navidad. Parecía algo incongruente.

Una vez maquillados y disfrazados, los Directores fueron saliendo de los improvisados camerinos y bajaron a la planta baja del edificio, donde muchos compañeros ya habían venido desde sus casas debidamente disfrazados y maquillados.

—Leopoldo, ¡qué maquillado vas! ¿Quién te ha maquillado? —preguntó una compañera con la que mantenía una excelente relación.

—Me han maquillado y disfrazado en la planta noble —dijo abochornado el directivo que sabía que no podía mentir.

—¡Joder, qué morro tenéis los jefes! Ganáis más pasta y encima gastáis menos —dijo con una expresión retorcida producto del agravio que se estaba produciendo.

—Ya, tienes toda la razón —balbuceó mientras pensaba cuánta lógica tenía la exclamación de su compañera.

Hay jefes que piensan que cuanto más se trabaja es mejor para la empresa, independientemente del número de horas. Así son algunos jefes primarios. Probablemente, porque no conocen otra vida que el trabajo y consideran que los demás deberían ser como ellos. Hay jefes que no respetan el tiempo libre de sus subordinados porque, como ellos han decidido no tenerlo, quieren someter a los demás a la misma vida.

En España, este tipo de jefe es moneda corriente. «Nunca viene los viernes por la tarde, está poco comprometido con la empresa», puede decir un jefe de un empleado en una empresa donde el viernes por la tarde no se trabaja. Cuando las personas saben que esto disgusta al jefe, tienden en muchas ocasiones a remediarlo quedándose a trabajar más. Una espiral nada buena para nadie, ni siquiera para el jefe ni para los accionistas.

«Es muy urgente, tiene que estar para el lunes»
Protagonista: FG
Puesto: Director de *Marketing*, depende del Director General

La semana había discurrido con normalidad. Como siempre, había mucho trabajo. Si el día tuviera más horas, probablemente todos en la empresa seríamos capaces de rellenarlas. Por eso, es importante priorizar.

FG, el Director de *Marketing*, se acercó a ver al Director General al despacho. Le planteó una interesante posibilidad de negocio que podrían plantear a los proveedores y que beneficiaría a todos.

> —Creo que está muy bien lo que dices. Quizás podrías avanzar un poco en la idea que planteas para ver si salen los números —le sugiere el Director General a FG.

—De acuerdo, lo tendré lo antes posible —le dijo, como siempre, muy dispuesto.

A FG no le gustaba que llegara el fin de semana. Se encontraba desubicado en su casa, no tenía aficiones. La relación con su mujer era correcta pero vacía. Sus hijos parecían atormentarle. El trabajo era lo único en su vida.

Una hora después de que se hubiera reunido con FG alguien del equipo de éste último llamó al Director General por el teléfono interior.

—Me gustaría verte y, si puede ser, en la cafetería de enfrente —le dijo al primer ejecutivo sin avanzarle nada más.

—Estoy en diez minutos abajo —le dijo. El Director General era un recién llegado a la empresa y nunca quiso perder esas oportunidades de saber las cosas que pasan en la organización simplemente por aplazarlas.

Cuando llegó a la cafetería, se encontró con una persona con un aire de tristeza y dolor.

—¿Por qué debemos quedarnos sin fin de semana otra vez más? No creo que sea tan urgente lo que estás pidiendo. Esta semana he trabajado mucho y estoy seguro de que se te podría haber ocurrido lo que ahora planteas cualquier otro día menos el viernes —le dijo enfurecido.

—No sé si me vas a creer, pero no sé de qué me estás hablando. Lo intuyo, pero necesito que me lo aclares —trató de tranquilizarle.

—FG nos ha dicho que has pedido un informe que debe estar el lunes, que se te acaba de ocurrir, que él también cree que es muy importante y que mañana sábado debemos vernos en la oficina a las once en punto.

Le explicó cómo habían sucedido las cosas y le aclaró que no era necesario que vinieran el sábado. El Director General subió inmediatamente a la oficina y explicó, en presencia de FG, que no deberían venir el fin de semana. A continuación, hizo ir a FG a su despacho.

—Eres injusto. Si tú quieres trabajar un fin de semana, puedes hacerlo, pero no hagas que otros no puedan disfrutar de su tiempo libre.

—Tú me has dicho que era conveniente tener la información cuanto antes mejor[29] —se defendió aduciendo una mentira.

—Bien sabes que no es la primera vez que haces esto con tu equipo, aunque sí la primera desde que estoy aquí. Tú no puedes jugar caprichosamente con el tiempo de los demás. Organízate para coordinar lo mejor posible los recursos que tienes a tu disposición sin tener que causar un trastorno y malestar en la empresa —dijo el Director General dando por terminada la conversación.

FG fue incapaz de entender que las personas tuvieran vida al margen del trabajo. Su jefe no podía permitirlo. Fue despedido.

29 Según Arthur Schopenhauer, hay treinta y ocho estratagemas para tener razón en una conversación, y una de ellas es mentir. Pueden leerlas todas en un libro pequeño en páginas, si bien grande en ideas: *El arte de tener la razón*.

Los integrantes de la empresa y de la familia esperan que el jefe cuide de los intereses de la organización por encima de los suyos particulares.

Cuando esto no ocurre, se produce una situación en la que el jefe argumenta una sinrazón: debéis sentiros de esta organización como si fuera vuestra, pero yo voy hacer lo que quiera, sin atender a vuestros intereses.

Esta argumentación, que normalmente se expresa de forma gestual, implícita, no es sostenible en el tiempo.

El jefe tiene la sensación de que el conjunto de la organización es su cortijo y disfruta haciendo y deshaciendo. No importa cómo afecte a los demás.

Querido jefe
Protagonista: un directivo escribiendo a su jefe

Querido Jefe:

Me contrataste para que colaborara en hacer crecer a la empresa. Me dijiste que necesitabas descargarte de tareas para afrontar nuevos movimientos empresariales que iban a ocupar la mayor parte de tu tiempo.

Yo no estaba muy de acuerdo con el salario que me ofrecías, pero acordamos que si a la empresa le iba bien, a mí también me iría bien. Aunque no lo escribimos, creo que los dos dábamos por bueno un sistema tácito en el que los dos ganábamos, tú como empresario, yo como empleado.

Han pasado pocos meses y sé que tus intereses no son los mismos que los míos. Es imposible que nos entendamos. Hemos (no quiero sólo culparte a ti) tirado por la borda, y en muy poco tiempo, un proyecto común. Ya no me interesas ni tú ni la empresa que diriges. Sólo pienso en mí, como entiendo que sólo tú piensas en ti.

Ahora comprendo tu frustración cuando me decías que no había personas que pensaran con mentalidad corporativa y que, salvo tu fiel mano derecha, los demás sólo atendían a sus propios intereses. «Es normal», me dijiste. Me diste a entender que cada uno tiende a pensar en lo suyo, por lo que tener a la vez una visión «corporativa», como a ti te gusta definir la tuya propia, era improbable, casi imposible.

Seis semanas después de que firmáramos nuestro acuerdo, tomaste decisiones de las que nada me comunicaste. Quisiste, así, dar a entender al resto de las personas que había una sola persona que mandaba. Querías que no quedara duda.

Más tarde, me ocultaste información e hiciste ver al Consejo que sólo tú podías ser el interlocutor válido. Yo, entre tanto, callaba, mientras una sonrisa triste me acompañaba.

Pero nada pudiste hacer para que muchos compañeros vinieran a verme, a pedirme consejo. Traté de darles mi cariño. Quisiste demostrarme tu fuerza perjudicándome, mientras tú te beneficiabas. Habíamos quedado en que cualquier decisión que afectara notablemente a la cuenta de explotación sería consensuada. No hiciste lo que habíamos pactado. Tú tenías otros intereses, nunca tuviste en cuenta que estaba en juego mi dinero. ¿O acaso lo olvidaste?

Ahora sé que te da igual ser injusto conmigo. Eso es lo que prefieres. Quieres que sepa que puedes interpretar las reglas como a ti te plazca, porque las reglas las creas, modificas y eliminas tú, a tu capricho.

Te diré, para que los demás lo sepan, que no eres malo, simplemente eres injusto. Ya dijo Víctor Hugo que «Ser bueno es lo fácil; lo difícil es ser justo».

«Justicia es el deber de dar a cada cual lo suyo», escribió el jurista romano Ulpiano.

En las organizaciones dar a cada cual lo suyo significa a veces quitarle a otros dinero, poder, reconocimiento, en beneficio de otros que merecieron más.

El jefe que se considera y ejerce como tal quiere impartir justicia y afronta esta realidad de forma positiva, convencido de que su «justa» justicia debería ser aliciente suficiente para unos y otros.

Quien decide premiar o castigar a todos por igual comete una gran injusticia, que normalmente desanima a los más productivos, motivados y trabajadores.

Coger el toro por los cuernos puede llevar más trabajo, más riesgo, el riesgo que debe asumir el jefe.

«No hay café para todos»
Protagonista: L
Puesto: Director General

Eran las primeras Navidades para L como Director General de la empresa a la que llegó en marzo. Todo fue nuevo para él durante este primer año.

Fue a mediados del mes de Diciembre cuando el Presidente le comunicó que era costumbre en la empresa darles a todos los empleados un cheque-regalo.

—¿Se trata de un regalo o de un reconocimiento? —preguntó L, el nuevo Director General.

— Mmmm —musitó el Presidente. El cheque se trata de un reconocimiento por el trabajo bien hecho. El regalo es una inmensa cesta que ya verás —le dijo con seguridad una vez que hubo reflexionado.

—Si se trata de un reconocimiento, te sugiero que lo hagamos de forma justa, dándoselo a aquellos que se lo merecen, que te aseguro que los hay. Son aquellos que han hecho un sobreesfuerzo, que mostraron una actitud positiva, que aportaron sus ideas. Hay otros muchos que merecieron su salario, sin más. Y por supuesto el regalo de Navidad de la empresa —recomendó el Director General.

—Habrá quienes se sientan molestos — titubeó el Presidente.

—Quienes se sentirán molestos y se habrán sentido durante años son aquellos que merecen más que otros y han visto que siempre fueron en el mismo saco. Seguro que más de uno abandonó la idea de ser más productivo porque tenía la misma recompensa que otro que no lo era tanto —argumentó el Director General.

—¿Qué sugieres, entonces?

—Que el presupuesto que tenemos destinado a los cheques lo dediquemos a aquellas personas que cumplan con una doble condición: que no sean ni directivos ni comerciales, ellos ya tienen una alta retribución variable, y que su valoración sea muy buena. Además, entre aquellos que merezcan este reconocimiento, los habrá con mayor o menor cantidad en los cheques que reciban. Yo sé quién lo merece, ése es mi trabajo —dijo con firmeza L, el Director General.

—Si tú lo tienes tan claro, hazlo —aprobó el Presidente.

El Director General escribió una carta para que fuera firmada conjuntamente por él y por el Presidente, en la que felicitaba a todos aquellos que merecían el reconocimiento. Convocó una a una a cada una de las personas que recibirían el cheque-regalo, haciendo un especial énfasis en aquellas personas que demostraron con su actitud que querer es poder.

Una vez que hubo terminado su ronda de entrega de cheques, se sintió satisfecho. Pensó que había sido justo.

Conclusiones
Décimo pecado capital: el jefe es injusto

La persona depende (qué dramático y horrible verbo) de un jefe para muchas cosas. Del jefe depende un cúmulo de sensaciones que hace que el paso por la vida de una persona sea más o menos positivo. La influencia del jefe sobre las personas con las que convive es enorme y no debe rehuir esa posibilidad, esa responsabilidad.

No puede pretender ni el jefe, ni el subordinado que todo sea idílico. «No hay empresa perfecta», es una de las máximas de Tony Reinders, socio de Banco de Profesionales. Como todo en la vida, cada una de las personas y de las empresas somos susceptibles de mejora, gracias a Dios.

Pero el jefe y el subordinado, los padres y los hijos, los profesores y los alumnos debemos aspirar y conseguir que nuestras organizaciones se rijan con justicia. Se trata de luchar, de participar por hacer un mundo mejor.

Los seres humanos nos rebelamos contra aquellos sucesos que percibimos que hacen que una persona, una empresa o un pueblo sea víctima de los abusos de terceros que utilizan arbitrariamente su fuerza. Nos rebelamos, rechazamos la injusticia.

Impartir justicia es difícil. Requiere una cierta catadura moral, esmero, esfuerzo, tiempo, generosidad y mucha concentración. El jefe pecador, por injusto, no cumple alguno o varios de estos requerimientos.

El jefe que es injusto ha desarrollado sus propias normas, su moral particular, al margen del entendimiento de quienes le rodean. Normalmente, esa moral particular del jefe la ha construido alrededor de su poder y sabe que en muchas ocasiones esa moral no es discutible, no es *recurrible* a instancias superiores. La justicia del jefe es frecuentemente suprema, sin posibilidad de réplica.

Se trata de impartir justicia en un mundo que los humanos

hemos hecho tan injusto. «Así es la vida», se justifica el jefe injusto ante un empleado que se atrevió a pedir explicaciones ante una decisión que no le pareció justa. Tan débil argumento es rechazable.

Impartir justicia es muy difícil, exige ponerse en lugar de otro, no para darle la razón sino para entender sus motivaciones antes de *dictar sentencia*.

La madre o el padre podrán castigar duramente a su hijo porque éste les ha mentido no diciendo una mala nota en un examen. En principio parece justo, pero quizás no lo sea si el niño tiene miedo del padre o la madre y prefirió aplazar lo que indudablemente le venía encima. Quizás el padre o la madre justos prefieran crear el clima propicio para que los temores del niño desaparezcan y sean duros, autoritarios, contundentes ante una nueva mentira.

El jefe en la empresa no podrá ser justo si no tiene en cuenta el significado que para sus subordinados tienen aspectos que les relacionan: dinero, libertad, tiempo. Ante la hipótesis de una crisis económica en la empresa, congelar los sueldos tiene una repercusión bien diferente para un jefe que para un subordinado. El jefe tendrá una merma nominal (en euros) mayor que la del subordinado, pero éste tendrá posiblemente una merma en su vida cotidiana más difícil de soportar. Y el jefe debe entender esto.

Conocí una vez a un jefe, que prefiere guardar el anonimato, que ante la necesaria decisión de no poder subir los sueldos, congeló el de todos los empleados que estuvieran por encima de un determinado nivel salarial. El resto, los menos favorecidos y menos culpables del mal funcionamiento de la empresa, obtuvieron un aumento que les permitió mantener su nivel de vida. Incluso el primer ejecutivo procedió a reducir su salario. Se lo redujo poco, pero se lo redujo.

Encolerizar al subordinado, al colaborador, no es bueno. Y quizás no haya nada que encolerice más que la injusticia. Además, las injusticias no se olvidan.

Dos personas pueden entender de forma diferente una misma decisión. Para una es posible que sea justa y para otra injusta. Así ocurre tantas veces cuando el juez dicta sentencia. Es normal.

Puede ser que el jefe no sea injusto y que, en cambio, sea percibido como tal. Quizás no sepa comunicar, vender su decisión, para hacerla entendible, comprable por su subordinado. Deberá explicar por qué toma las decisiones que afectan a las personas que integran la organización. No tienen por qué ser del gusto de todos, aunque todos tienen derecho a saber las motivaciones del jefe y a tener la posibilidad de intentar modificar su comportamiento, su rendimiento, para conseguir mejorar su situación.

No existe peor injusticia que aquella que se produce sin argumentación del juez. Se trata entonces de una dictadura, del *cortijo* del jefe. Uno de los objetivos del jefe debería ser conseguir que los subordinados participaran de un sentimiento de propiedad, aunque sea de forma meramente metafórica. La responsabilidad del jefe es lograr que las personas a su cargo se sientan útiles y ese sentimiento es incompatible con la injusticia.

La justicia no puede tomar forma de buenas noticias para todos. Aquel que comete una infracción o no cumplió para lo que fue contratado debe ser castigado. El castigo disuade a los humanos de no volver a repetir lo que está mal. El jefe que no utiliza la reprimenda o el castigo será un jefe injusto, como aquel revisor que habiendo localizado a la persona que utilizó el tren sin billete pasa por alto la infracción sin multarle.

Síntomas del jefe injusto:

- El jefe no premia al que merece reconocimiento.
- El jefe no sanciona al que merece un castigo.
- El jefe sólo premia o sólo reprende.
- El jefe no sabe diferenciar entre amistad y trabajo. Utiliza la amistad como argumento en las relaciones laborales.

- El jefe no explica decisiones que afectan a las personas que integran la organización. O utiliza argumentaciones arbitrarias, incomprensibles e irrebatibles del estilo «Así es la vida».
- El jefe cree que a los demás les afectan las cosas como a él (especialmente, en temas relacionados con el dinero, la libertad y el tiempo).
- El jefe utiliza los recursos de la empresa en beneficio propio. Le parece, en cambio, mal que otros hagan lo mismo.
- El jefe que es primer ejecutivo o los padres en la familia consideran que la empresa es suya y que no importa cómo afectan sus decisiones al resto de la organización.

Algunas sugerencias para el jefe injusto:

- Asuma que debe administrar justicia y que debe hacerlo de forma continuada.
- Cuando un jefe administra justicia, ésta incluye tanto el premio como el castigo, el reconocimiento como la reprimenda.
- Dedique su cariño, tiempo e inteligencia a explicar las decisiones que afectan a las personas que están a su cargo. Analice y esté seguro de que nada de lo que expone es arbitrario.
- Procure discriminar positivamente a los menos favorecidos.
- No todo el mundo es como Usted. El dinero, el tiempo y la libertad pueden tener significados muy diferentes para las personas que están a su cargo.
- Sitúe al conjunto de la organización por encima de sus intereses personales. Para eso fue contratado.

10 + 1 (Bonus Track)

El jefe es un gran hijo de puta (expresión cuyo significado no es literal)

El mundo no está en peligro por las malas personas, sino por aquellas que permiten la maldad.
Albert Einstein

Otra vez, del autor al lector

(esto es importante, al menos para mí)

He supuesto que el lector que se ha tomado el interés en comprar este libro es porque tiene entre sus objetivos hacer mejor su papel de jefe, bien sea en el trabajo o en la familia, ahora en el presente o quizás en un futuro más o menos inmediato.

Ese supuesto interés he preferido presuponer que es fruto de una actitud positiva y loable. Pero sé bien que no necesariamente siempre es así.

Quizás algunos de los jefes, que además son lectores de este libro, sean unos enormes hijos de puta. Sus madres nada tienen que ver con esto. Simplemente, son unas personas indeseables que hacen que la vida de quienes les rodean sea innecesariamente y extraordinariamente infeliz. Se aprovechan de su condición de pagador o de progenitor para someter a sus subordinados e hijos a un chantaje emocional que cualquier persona con sentido común lo consideraría como acoso moral.

He tenido la mala suerte de conocer a algunos de ellos y he tenido la suerte de pillar a más de uno y ponerle en la puta calle. No se merecen otra suerte ni otro lenguaje.

Los diez pecados capitales de los que consta este libro son pecados veniales que todos hemos cometido en el ejercicio de nuestra jefatura. Sólo los reincidentes de forma consciente merecen mi más dura crítica. Este 10 + 1 pecado capital eclipsa cualquier otro.

Si Usted está leyendo estas páginas y es uno de ellos, le pediré, por favor, que deje de ser jefe o deje de ser un «hp».

Si en cambio Usted es uno de los que sufre a uno de ellos, le pediré que haga lo que nos dice Einstein en la frase que inicia este capítulo: no permita la maldad, enfréntese a ella. Luche por su dignidad, que, con toda seguridad, saldrá adelante sin tener que sufrir al bicho «hp» que tiene como jefe.

Sé que estos casos son minoría, aunque no son pocos. Como habrán notado, esas personas merecen mi más profundo desprecio y les pido que no confundan a un jefe extraordinariamente autoritario con un «hp». Muchas veces aquellos se muestran como seres prepotentes, narcisistas y autoritarios, pero no todos los que muestran estos defectos son «hps».

Hay casos de personas tan «hp» que merecen el protagonismo a través de artículos en la prensa. En el periódico *El País* del 9 de junio, un artículo narraba un horrendo caso bajo el título *Esclavos del siglo XXI en China*. Un enorme «hp» de nombre Wang Binbin mantenía en una fábrica a personas que debían trabajar veinte horas (de cinco de la madrugada hasta la una de la madrugada del día siguiente) al día a cambio de pan y agua. Algunos de ellos, tan traumatizados por la experiencia, que además estuvo tan llena de violencia que produjo la muerte de algunos compañeros, habían llegado a olvidar sus nombres. ¿Qué puede conducir a una persona a tratar así a otra? Creo que no hay explicación que me pudiera consolar del espectáculo de horror que se paseó por mi mente cuando leí la noticia.

Éste es un caso excepcional, lo sé. Afortunadamente, en un país desarrollado esta situación tan dramática creo que es difícil que se dé. Porque hay mecanismos de control, no porque no haya personas que quieran someter a sus prójimos de una forma indecente.

—Tú sigue por ese camino, que a la próxima te vas a cagar —dice el jefe.

Se hace entonces el silencio.

Hay personas que hablan así a sus subordinados, que aguantan que su jefe les acose, les amenace y que sufren incrédulos que esto les ocurra a ellos, o incluso llegan a pensar que «Las cosas son así. En todos los sitios cuecen habas».

Este tipo de personas salen a menudo indemnes por gracia de unos resultados que son defendibles y de la desidia de sus superiores que tienen que enfrentarse a un individuo que nada les ha hecho a ellos. Normalmente, el jefe «hp» es también un gran adulador, un pelota que procura la satisfacción de su superior, lo cual hace que sea más difícil que sea despedido de la organización.

Permítame...

Permítame, desde mi más sincera modestia y con cierto pudor, ofrecerle algunas últimas ideas para no ser pecador en el ejercicio de su jefatura presente o futura.

El principal, que no único, objetivo de este libro es conseguir que al menos alguna persona – sea subordinado en una empresa, hijo en la familia, alumno en el colegio o Universidad – sea la última beneficiaria de este trabajo gracias a Usted: jefe, madre, padre o profesor. ¡Ojalá lo consiga!

La capacidad de influencia del jefe sobre otras personas es enorme. ¿Jefe, es Usted consciente de que, a causa de su intervención, el rendimiento y la vida de las personas que le rodean pueden ser diferentes? Muchos jefes no asumen esta responsabilidad. Olvidan que, además de tener mucho conocimiento sobre su área, son jefes, y que esta tarea conlleva ser un facilitador para que los que trabajan y viven en su organización puedan desempeñarse mejor.

«No he sido capaz de convencer a ninguna persona contenta con su jefe para que se cambie de empresa», me dijo Tony Reinders[30], que ha realizado cientos de procesos de selección.

---

30 Tony Reinders es Socio de Banco Profesionales, una empresa especializada en la selección de directivos.

La consultora Otto Walter descubrió a través de una investigación que el principal motivo por el cual una persona quiere irse de la empresa es el jefe. Y descubrió también que el principal motivo por el cual una persona no dejaría su empresa es el jefe.

Jefe, es Usted una persona muy importante para otras personas. Sépalo y trabájeselo.

A la vida se viene a ser feliz para hacer feliz a los demás. Y esto es compatible con el desarrollo, la economía, el progreso, los beneficios, vender más que la competencia y el trabajo duro. Si Usted vino a ser más rico que los demás, a tener más poder, le deseo lo mejor, pero le auguro una vida con muchas limitaciones que estoy seguro que sus colaboradores también sufrirán.

Sonría. Sí, sonría y mucho, todo lo que pueda. Sepa, jefe, que su actitud es contagiosa. Si Usted crea un buen o mal ambiente, sus subordinados, sus hijos, tenderán a imitarle. Si Usted va cabreado por la vida, estará rodeado de cabreados. Si Usted, a pesar de los problemas, es optimista, alegre, tendrá a su alrededor personas que transmitan sensaciones positivas que seguro que sus clientes, sus amigos y familia también le agradecerán. Ya sé que no siempre se puede estar contento, pero sepa que de vez en cuando deberá actuar y sobreponerse de su mal momento a los ojos de los demás. Ellos confían en Usted y no quieren ver a un jefe débil, pues automáticamente ellos también se debilitan.

Usted, que tan preocupado está con la productividad, con los presupuestos, con el personal y muchos otros asuntos de la empresa, debería saber que tanto Usted como aquellos que le reportan harán mejor su trabajo con una pastilla de optimismo que se automediquen. Usted, jefe, puede conseguirlo con un simple cambio de un momento a otro. Mantenerlo es cuestión de perseverar y de fe en uno mismo.

¡Que suerte tiene Usted de ser jefe! ¿No está de acuerdo? Pida entonces cambiar de trabajo, descienda en el escalafón y pida una reducción de sueldo. ¿Por qué no? Si cree que es mejor ser subordinado que jefe, no hay motivo para no serlo. Lo contrario sería estúpido.

Si ya se ha convencido de que ser jefe es una suerte, que no dudo que Usted se haya merecido y trabajado, disfrute de esta eventualidad y procure amar todo aquello que haga. Quizás esta recomendación le parezca filosofía barata, pero eso es lo que diferencia a una persona feliz de una infeliz, su capacidad para amar y vivir con pasión las cosas que uno hace, a las personas a las que a uno le rodean,...

No abuse de su condición de jefe. Sea generoso, su cuerpo y su mente se lo agradecerán. No pretenda tener todo controlado sólo porque es el jefe. ¿No ha visto cuántos amigos acabaron mal porque hubo uno de ellos que se convirtió en jefe del otro? ¿No había otra persona que ese amigo íntimo para el importante puesto de trabajo? Pregúntese si lo que deseaba era hacerle un favor a su amigo o, en lo más profundo de su ser, lo que quería era mandar sobre él y al mismo tiempo tenerlo de confidente, que nada saliera de su control.

Sea un poco atrevido. No pretenda que le den siempre la razón, eso es muy aburrido. Ya sé que alguno de sus subordinados puede intentar aprovechar que Usted es una persona abierta y autocrítica para hacer un asalto al poder, para desautorizarle. Ese tipo de personas son una pequeña minoría a los que hay tratar despectivamente. Si esto le ocurriera, utilice las mejores y más creativas ironías para destrozar su espurio empeño.

Siga la máxima que nos enseñó Jesús (no soy cristiano, pero Jesús es un fantástico filósofo): «No hagas a otros lo que no te gustaría que te hicieran a ti». Y no se refugie cobardemente en «A mí no me pasó nada cuando me hicieron esto o lo otro» para hacer lo mismo que Usted sufrió y en su momento no le gustó. Sea, por favor, sincero y no se diga a sí mismo «No me importaría que me lo hicieran», cuando, en realidad, pudiera ser lo contrario. Su empresa o su familia no deberían ser un campo de batalla; bien al contrario, deberían ser organizaciones con una infantería pacífica, coordinada y alineada a un mismo objetivo. Si no es así, piense cuánta culpa tiene Usted en que todo ello suceda y no busque argumentos falaces para disculparse. Soluciónelo.

Jefe, recuerde que trabaja con personas. Haga lo que a Usted le gustaría que le hicieran, literalmente. No deje pasar la oportunidad de lograr que una persona que trabaje para Usted reciba ese obsequio, ese detalle —no tiene por qué ser material— que a Usted le hubiera gustado que su jefe le hubiera hecho. Conseguirá que hablen bien de Vd., y eso no es malo.

Jefe, recuerde que trabaja con personas. Las personas tenemos sentimientos y, por lo general, venimos a colaborar, no a pelear, ni a competir. La mayoría de los seres humanos somos buenos, los malos son la excepción (aunque hagan que se les note mucho). Es verdad que la vida es un deporte muy duro, pero no haga competiciones para hacerlo más difícil.

Jefe, recuerde que trabaja con personas. No todos somos iguales, ésa es la grandeza de nuestra especie. Haga un esfuerzo por entender a los demás, por generar cierta alteridad, no vaya a ser que Usted sea un perenne adolescente repelente que siempre piensa que los demás —sus subordinados— no le entienden. Haga un esfuerzo por hacerse comprender y entender a los demás.

Jefe, recuerde que Usted también es humano. Tiene un corazón, dos pulmones, un sistema nervioso como todas las personas. Y sepa que nuestro organismo se deteriora con el paso de los años, como cualquier otro ser vivo y como la gran mayoría de las cosas que nos rodean. Si tiene que anteponer algo, que no sea a costa de su salud.

Vigile, asimismo, la salud de los que le rodean, es su activo más preciado. Dígame, jefe, ¿de qué le servirá tanto dinero si después no puede disfrutarlo? Claro que debe trabajar mucho y es imposible que no tenga preocupaciones, pero eso no significa que no se cuide. Y como le decía antes, cuide también de la salud de los demás, que Usted, como jefe, puede intervenir, de la misma manera, en ello. Haga que su equipo esté fuerte física y psíquicamente.

Recuerde que hasta Usted es humano. Quizás sea más inteligente y trabajador que otros y por eso le hicieron jefe. O tal vez Usted sea más audaz y tuvo la habilidad para crear su propia empresa. Pero nada más. No se vuelva loco creyéndose superior a los demás, hecho de otra materia inaccesible al común de los mortales. Mire cuántos jefes (muchos de ellos Jefes de Estado) perdieron el norte y provocaron tanta desgracia porque creyeron que estaban destinados a cambiar el mundo desde su reinado.

Jefe, hay gente que le quiere, es su familia. Y hay que gente que quiere también a sus subordinados, son sus familias. No deje que su jefatura sea una carga para ellos y sepa, jefe, que debe haber tiempo suficiente para ellos. Es una cuestión de prioridades.

Usted es importante. No lo desaproveche. Permítame, jefe, que le diga que si todos los días dedica unos minutos a pensar cómo conseguir mejorar el trabajo de aquellos que deben obedecer lo que Usted manda, conseguirá un gran progreso para sí mismo y para los que le rodean. Sí, jefe, eso es lo que debe hacer: pensar cómo mejorar las condiciones para que el talento de sus empleados, de sus hijos, explote, se maximice. Ése es su gran objetivo.

Algunas buenas ideas de buenos jefes

En el libro se han contado algunos relatos con ideas brillantes de buenos jefes.

Aquí se sugieren algunas más que, quizás, cualquier jefe puede amoldar a su realidad.

MBWA

Este acrónimo tiene las iniciales de *Managing by Walking Around* (o también hay quien dice *Managing by Wandering Around*). Es lo mismo que decir: «Dirigiendo dándose una vuelta».

Este concepto surge de la necesidad del jefe de enterarse de las cosas, de saber qué es lo que está ocurriendo en la empresa. Él tiene la oportunidad de mejorarlas, pero si se encierra en su despacho, es probable que sólo se entere de los asuntos menos trascendentes y que éstos lleguen cuando ya es demasiado tarde.

Hewlett Packard puso en práctica esta gran idea de un jefe. Se trata de instaurar como procedimiento que los directivos y mandos intermedios salgan de su nido con forma de despacho y se dirijan a sus subordinados «dándose una vuelta» por su unidad o área, hablando con los equipos, preguntando, comentando:

—¿Cómo van las cosas? Esa idea parece interesante. ¿Necesitas ayuda?

Esta sencilla idea alcanza la dimensión de excelente gracias al hecho de haberla conceptualizado en una marca —*MBWA*—, que hace que cada uno de los que deben dirigir saliendo de sus despachos se sientan más comprometidos y lo entiendan mejor.

Sé diecisiete cosas

Escuchaba una entrevista que Iñaki Gabilondo le hacía al Ministro de Economía Pedro Solbes cuando formó parte del Gobierno de Felipe González.

El periodista, después de una sabia contestación del Ministro, le preguntó: Sr. Solbes, ¿Usted debe saber mucho?

El Ministro contestó con una amable, socarrona y pausada risa: ¡Que va!, Sr. Gabilondo. Yo sólo sé diecisiete cosas. Pero esas diecisiete cosas, le puedo asegurar, me las sé muy bien. Tengo un equipo de colaboradores que saben cada uno de sus cosas, y yo sólo me encargo de dirigirles.

Bajar a la obra

Todos los años les pregunto a los estudiantes del Máster de *Marketing* de la Autónoma cuáles son las ideas de jefes que más les han sorprendido. Normalmente, se tratan de ideas sencillas, fáciles de llevar a la práctica. Pero son percibidas como muy buenas ideas por inusuales, extraordinarias.

Un alumno que trabajó en una fábrica como capataz dijo que la mejor idea que tenía el Presidente era bajar a la obra y departir con las personas de vez en cuando.

Era una visita de cortesía, de amistad, de solidaridad con quienes hacían realidad que los productos salieran de la fábrica.

Es simplemente una buena idea.

Los subordinados también seleccionan

La llegada de un nuevo jefe a la empresa afecta en primer lugar a los subordinados, que tienen el derecho de preguntarse si los que han seleccionado al jefe habrán hecho bien su elección o si habrán tenido en cuenta algunos factores que quizás a ellos se les escapen. Algunas veces desde las alturas se pierde información.

La idea de este jefe fue incorporar a los subordinados al proceso final de selección, sin capacidad para descartar, sí para recomendar, advertir y sugerir.

Muchos pasos se avanzan con esta atrevida decisión: se ve en acción al posible jefe y a sus subordinados, pudiéndose llegar a percibir si hay dificultades en la relación entre unos y otros. Integrar a los subordinados en el proceso de decisión también permite que éstos se sientan cómplices y, sin duda alguna, importantes por participar en este proceso.

El móvil

Muchas empresas encuentran dificultades para lograr implicar a sus empleados en sus objetivos. La razón más común para que esto ocurra es la distancia entre la información de la que dispone el empleado y la necesaria para que se sienta implicado.

En *Binter*, una compañía aérea canaria, hay preocupación especial por dos objetivos: la puntualidad y la ocupación.

Para que todos los empleados de la empresa pudieran conocer cómo iban estos objetivos, aquellos que lo desearan podían recibir en su teléfono móvil un mensaje SMS a primera hora de la mañana en el que se ofrecía la información de estos dos parámetros.

Así es más fácil que todos trabajen en la misma dirección.

Dedica tiempo a crear, innovar

Ésta es la máxima de la empresa *3M*, creadora y fabricante de cientos de productos que utilizamos cotidianamente.

Que *3M* sea una empresa tan prolífica en ideas no es fruto de la casualidad. En esta empresa, a los jefes se les ocurrió un buen día una buena idea: animar a todo el personal a que pensara, a que creara.

Los empleados de *3M* tienen sus minutos dedicados a la creación sin límites, sin tapujos, sin vergüenzas.

Una buena idea para comprometer a los empleados es lo que diferencia a la empresa.

Esa forma de fomentar la creatividad y la innovación ha dado lugar al mundialmente conocido «*post it*» y muchas ideas más llevadas a la práctica.

Entrenador personal

El jefe se puede sentir solo y puede no saber a quién acudir. Necesita alguien que esté cerca de él para contrastar sus dudas e inquietudes. El jefe tiene derecho a estar inseguro. Quiere mejorar, pero se encuentra enfrascado en sus problemas y no sabe cómo seguir avanzando.

Tener un entrenador personal puede ser una buena idea. Al jefe le permite tener a alguien que conoce el funcionamiento de las empresas y que sabe lo duro que puede ser estar al frente de muchas personas que esperan que el jefe acierte.

Algunos han encontrado en el entrenador personal el espejo a quien hablar y obtener una contestación coherente que después adaptar a su entorno.

Yoga

Uno de los tormentos más insoportables que sufrimos en las sociedades ricas es nuestra incapacidad para desalojar a nuestro cerebro de pensamientos. Fluyen constantemente y hacen que no descansemos conscientemente nunca.

Las responsabilidades y preocupaciones del jefe hacen que su rendimiento baje por esta circunstancia.

Echar mano del conocimiento milenario de las culturas orientales es, a mi juicio, una buena recomendación para que el jefe pueda ejercer mejor como tal.

Practicar yoga le costará poco dinero y tiempo. No necesita tener una buena forma física para empezar y le ayudará a conocerse y controlarse mejor.

Agradecimiento general

A todos aquellos que me regalaron, de forma consciente o inconsciente, algún comentario, algún conocimiento o algún momento de su vida que me han permitido saber más para vivir mejor.

Fueron muchos, muchísimos.

A todos, muchas gracias.

Leo Farache (Madrid, 1963) ha tenido una prolija experiencia profesional y académica. Ha desempeñado, entre otros, los siguientes trabajos: Director de Publicidad de la SER en Madrid, Director Comercial del Pabellón de España en la EXPO'92 en Sevilla, Director General de Maritz España, Director General del Grupo Movierecord, Director General de Mc Cann Erickson, Consejero Delegado de Arbo Media Diversus. Actualmente es Director General y fundador de Marketing Director (www.mdirector.com) y Director General de Operaciones del Grupo Antevenio. Empezó su vida profesional como vendedor de espacios publicitarios para una pequeña revista de bricolaje y tenía un puesto de venta de sellos en la Plaza Mayor. Ha realizado numerosos trabajos de consultoría estratégica para empresas de diferente tamaño y sector donde ha tenido la oportunidad de ver en acción a muchos jefes. Es padre de tres niños y un apasionado del mundo de la educación. Ha sido profesor asociado de la Universidad Carlos III, de la Universidad Autónoma de Madrid e imparte clases en diferentes másteres. Es licenciado en Ciencias Empresariales por la Universidad Autónoma de Madrid y *Executive* MBA por el Instituto de Empresa. Ha publicado artículos en revistas de *marketing* y publicidad, y ésta es su primera experiencia como autor de libros.